DU MÊME AUTEUR

Parutions récentes :

Jamais une ombre simple, poèmes, Gallimard, 1994.
Ionesco et le théâtre de l'absurde, Gallimard, 1994.
L'Émotion impossible, essais sur la poésie, Le Temps qu'il fait, 1994.

EN FRANÇAIS DANS LE TEXTE/6

POUR LES ADJECTIFS, VOUS VIENDREZ ME VOIR

Le Centre de formation et de perfectionnement des journalistes (CFPJ) est situé rue du Louvre, à Paris, au cœur du quartier historique de la presse. Il a été fondé, en 1946, par Philippe Viannay et Jacques Richet pour former des jeunes au métier de journaliste.

C'est une association (loi de 1901) dont le conseil d'administration est constitué majoritairement par les représentants des organisations professionnelles de presse écrite et audiovisuelle et des syndicats de journalistes. Le CFPJ est un établissement d'enseignement supérieur technologique et professionnel contrôlé par le ministère de l'Enseignement supérieur et de la Recherche et reconnu par la profession. Il comprend plusieurs départements.

- *Le Centre de formation des journalistes* (CFJ) assure la formation première. Plus de 1 600 jeunes y ont fait leurs études : nombre d'entre eux occupent aujourd'hui des postes importants dans les journaux, les agences de presse, à la radio, à la télévision. Le CFJ est membre correspondant de la Conférence des grandes écoles.
- *Le Centre de perfectionnement des journalistes et des cadres de la presse* (CPJ) a été créé en 1969. Journalistes, techniciens et cadres peuvent suivre des stages rue du Louvre ou dans leur entreprise pour se perfectionner dans leur métier et se tenir au courant des techniques nouvelles. Environ 3 000 stagiaires se forment au CPJ chaque année. Le CPJ délivre notamment un certificat d'aptitude homologué par le ministère du Travail, de l'Emploi et de la Formation professionnelle à l'issue d'un cycle de cours hebdomadaires sur deux ans. Il forme aussi des jeunes en contrat de qualification et des journalistes sans emploi.
- *Le Centre d'information sur les médias* (CIM) organise des formations pour les personnels des entreprises industrielles et commerciales, des administrations, des associations, des syndicats, qui veulent se familiariser avec l'information sous sa forme écrite ou audiovisuelle et apprendre à mieux communiquer. Environ 2 500 personnes s'inscrivent chaque année aux activités du CIM.
- *Le CFPJ-International* accueille à Paris des stagiaires étrangers et forme sur place dans de nombreux pays des journalistes en activité et des étudiants en journalisme dans plusieurs universités (Moscou, Le Caire, Phnom Penh...). Le CFPJ est membre actif de l'Association européenne de formation au journalisme (AEFJ) et participe à plusieurs programmes internationaux dans le cadre de l'Union européenne ou de l'Unesco. Plusieurs centaines d'étrangers sont concernés par ces activités.
- *L'observatoire des pratiques et des métiers de la presse,* créé en 1994, a pour vocation de mener des recherches sur la profession de journaliste et l'univers des médias.
- *Le CFPJ* réalise à Montpellier une partie de son activité, avec le soutien des collectivités territoriales.

CFPJ
33, rue du Louvre
75002 Paris
Tél. : (1) 44 82 20 00
Fax : (1) 44 82 20 01

CFPJ-Montpellier
Centre d'images de Grammont
BP 9628, 34054 Montpellier C1
Tél. : (16) 67 15 93 93
Fax : (16) 67 15 93 94

Éditions du Centre de formation et de perfectionnement des journalistes
33, rue du Louvre, 75002 Paris

EN FRANÇAIS DANS LE TEXTE/6

Pour les adjectifs, vous viendrez me voir

Hédi Kaddour

à Rémy Galland
et François Longérinas

LES GUIDES DU CENTRE DE FORMATION
ET DE PERFECTIONNEMENT DES JOURNALISTES

Dans la même collection :

1. Guide des sources d'information
2. Comment mieux communiquer avec la presse écrite et audiovisuelle
3. Guide de la rédaction
4. Barbarismes et compagnie
5. Anglicismes et anglomanie
6. Abrégé du Code typographique à l'usage de la presse
7. Abrégé du droit de la presse
8. La critique des spectacles (*épuisé*)
9. Libertés et responsabilités des journalistes et des auteurs
10. Précis de mise en page
11. Le reportage radio et télé
12. L'interview à la télévision
13. Comprendre la vie municipale pour mieux en rendre compte
14. Le droit à la formation permanente dans la presse et l'audiovisuel (*épuisé*)
15. Guide de la télématique
16. Ce que tout pigiste doit savoir
17. Le journal municipal
18. Comment créer et animer une publication
19. Organiser sa documentation et savoir consulter d'autres sources
20. Les sources d'information en Europe
21. La PAO. Pour bien choisir matériels et logiciels (*épuisé*)
22. Concevoir et produire un audiovisuel d'entreprise
23. Le journal d'entreprise
24. Gérer la fabrication d'un journal
25. Radio locale, mode d'emploi
26. Lexique des termes de presse
27. Le vocabulaire de la ville expliqué et illustré
28. Connaître le conseil général pour mieux en rendre compte
29. Connaître le conseil régional pour mieux en rendre compte
30. Les droits et les devoirs des journalistes. Textes essentiels
31. Un point, c'est tout ! La ponctuation efficace
32. Les supports d'information dans l'entreprise
33. Publier une illustration, mode d'emploi
34. Le reportage écrit
35. Accords parfaits
36. Les sources de l'information scientifique et technique
37. La prononciation des langues européennes
38. L'infographie de presse
39. Commentaires et humeurs
40. Mieux connaître ses lecteurs
41. La vente au numéro
42. Les droits de réponse, de réplique, de rectification, etc.
43. Le portage des journaux à domicile
44. Guide des collections audiovisuelles en France
45. Les liaisons dangereuses
46. L'enquête
47. L'interview écrite et le portrait
48. Pour les adjectifs, vous viendrez me voir

Sommaire

Pages

Note : la quasi-totalité des textes analysés dans ce recueil ont été choisis parce qu'ils constituent de bons exemples d'écriture journalistique. Leurs auteurs sont cités, ainsi que les sources. Dans les quelques cas de contre-exemples, les sources ont été laissées dans l'anonymat.

Avant-propos

« *Un sujet, un verbe, un complément. Et pour les adjectifs, vous viendrez me voir.* » La consigne est légendaire. C'est celle que les patrons de rédaction sont censés donner aux jeunes journalistes débutants. Elle est aussi l'héritière de ce que dans le journalisme américain on a appelé le « style *Remington* », du nom de la machine à écrire qui fut naguère l'instrument préféré des rédacteurs.

Tout s'est mis en place dans la dernière partie du XIXe siècle : une machine à écrire qui impose une certaine brièveté de phrases car elles sont ainsi plus facilement contrôlables à la correction, des journaux dont le lectorat est désormais beaucoup plus large mais de culture plus populaire, un monde qui évolue au rythme d'une mythologie de la vitesse. C'est dans cette triple contrainte de matériel, de destinataire et de contexte que se forge la phrase que nous lisons aujourd'hui dans notre presse.

Des mots courts, en phrase simple, dans de brefs paragraphes : certains se chagrinent de cet état de fait, et y voient parfois une atteinte portée au génie de la langue de Bossuet, Saint-Simon ou Proust. C'est oublier ce que fut la phrase de Montaigne, le style « coupé » des moralistes du XVIIe siècle, ou l'écriture sèche du *Journal* de Jules Renard.

La bonne phrase du journaliste me fait souvent penser au coup de pinceau de l'aquarelliste : pas le temps de lécher la besogne car le soleil va disparaître ; pas le temps d'un retour car on ne ferait que diluer ; pas non plus trente-six choses à déployer car il n'y a qu'un angle de prise de vue. Il y faut une sûreté qui ne s'acquiert que par une pratique forcenée.

D'autant que la phrase n'est pas pour le journaliste un simple *instrument*. Elle n'est pas une simple technique qui permettrait de « rendre compte » de ce qui aurait d'abord été « vu ». Il faut déjà posséder la phrase pour voir le monde, pour que le monde vienne se cadrer dans la phrase qui chante à tout instant dans votre tête. Un peu comme pour ces grands photographes qui voient déjà le cadrage possible alors que notre œil à nous ne voit que de l'indifférencié à 180°.

Il faut s'inventer une phrase, pas seulement pour écrire, mais pour entendre et voir. Une phrase-radar. Les gens qui ont dans la tête en permanence quatre adjectifs, trois adverbes, deux incises, trois circonstancielles, un remords, deux précisions, quatre métaphores, une allusion, un jeu de mots et trois registres, seront toujours en retard au spectacle. Ils ne sont bons qu'à écrire des éditoriaux, cette plaie de la presse française.

Le journaliste doit se faire une phrase tout-terrain, pour drainer le terrain de ses enquêtes. Drainage, tressage, montage : combien d'articles sont sans intérêt, faute d'avoir appliqué ces règles simples. Savoir capter les « choses vues », les mots, les gestes que l'on pourra ensuite tresser en autant de fils le long de l'article, afin de « donner à voir », de « donner à entendre », de « donner à sentir ».

Il m'arrive de scandaliser les étudiants en affirmant d'emblée : « Un journaliste, ça ferme sa gueule ! » Pour mieux leur faire remarquer que dans les bons articles quelque chose parle quand même quand on a « fermé sa gueule ». Ce quelque chose, c'est le montage. Comme au cinéma. Relisez Albert Londres, relisez Blondin, Hemingway, tous les grands auxquels on rend rituellement hommage. C'est par le montage, l'art de la coupure, le choix des scènes à faire comme des scènes à ne pas faire, que ceux-là se distinguent.

Encore faut-il que le lecteur ait envie de pénétrer dans ce montage. Nous croyons trop souvent que le travail du journaliste s'achève sur l'offre d'information qu'il fait au lecteur. Un bon plan en pyramide inversé, et au suivant. C'est oublier qu'une lecture ne peut avancer que si cette offre a, dès le début, réussi à créer une demande chez son destinataire. Une demande qui passe nécessairement par de petites énigmes successives, vite levées et donnant naissance à d'autres questions. Le « faites emmerdant » d'Hébrard était une réaction au « sensationnalisme » des concurrents. Ce n'était pas la loi des reportages que publiait le *Temps*. Au-delà de l'angle, de l'attaque, de la relance, de la chute, il faut aussi apprendre à gérer la contradiction qui oppose en journalisme la mise à plat de l'« information essentielle » d'une part, et la production d'un intérêt de récit d'autre part. Cette production d'intérêt passe souvent par un conflit, une mise en tension, même dans un portrait ou un entretien. « *Le chat s'installa sur le tapis* ne fait pas une histoire », remarque John le Carré qui ajoute : « *Le chat s'installa sur le tapis du chien* est déjà un bon point de départ. »

Au fond, même l'éternelle remise de médailles chez les sapeurs-pompiers peut faire un bon papier. À condition d'aimer à la fois les gens et l'ironie, la vie et le langage. Voyez ce que Florence Aubenas fit un jour d'un « marronnier » aussi rébarbatif que la collecte des ordures à Paris.

« Fouille-merde » dit-on parfois du journaliste, tandis qu'il lui arrive de se prendre au contraire pour un chevalier blanc. Aucun de ces deux excès ne mérite l'attention. La vraie question du journalisme est celle de la bonne distance. Dire ce qu'on voit et ce qu'on entend, dans une phrase claire. En sachant que le rédacteur et le lecteur sont de toute façon embarqués dans un jeu de rôle. Ils sont pris dans un contrat d'écriture-lecture, un contrat qui porte sur la production d'une nouvelle. Une nouvelle dont on devrait pouvoir dire à la fois : « *ça n'est pas possible* » et « *ça ne s'invente pas* ».

Au bagne

J… est licencié en droit. Un chef de l'administration pénitentiaire, ayant découvert cette peau d'âne dans le dossier de J…, s'écria : « Voilà mon affaire ! » Ce fonctionnaire avait deux enfants à faire instruire. J… devint leur précepteur.
– Prenez garde, dit-on au père, vous savez pourquoi J… est ici ?
– Bah ! Bah ! dit le père, ici ce n'est pas comme ailleurs. Et J… est un homme bien élevé.
Et dès lors, on put voir J… se promener sous les bambous de Saint-Laurent entre les deux jeunes innocents. Il formait leur esprit. Au bout de peu de temps, le père au grand cœur s'aperçut qu'au lieu de faire asseoir ses élèves sur un banc, J… les prenait sur ses genoux. Orage. Tonnerre et éclairs ! J… fut replongé au fond du bagne. (Albert Londres, *Au Bagne*, *in Œuvres complètes*, Arléa.)

À tout seigneur… Albert Londres est un peu le saint patron des journalistes français, souvent évoqué, peu lu. Ce micro-récit est extrait du reportage qu'il fit sur le bagne de Cayenne en 1923, et qui provoqua la fermeture de ce bagne.

L'anecdote plutôt ironique détend un reportage assez sombre, mais porte dans son entier la marque du savoir-faire. C'est un récit en nerfs, en petites phrases capables de tout dire, (y compris l'implicite) et de tout faire sentir. Les phrases sont claires, comme pour le théâtre. Les personnages existent non parce qu'on les décrit longuement, parce qu'ils accomplissent des actes. En récit, dit Valéry, dans *il fit*, c'est *fit* qui construit *il*. L'action elle-même est simple, chargée de peu de matière. Aucune insistance, mais un art du montage tel qu'un suspense est créé pour quelques secondes, pour tendre la lecture. La chute vient vite, pour laisser modestement la place au récit suivant. À aucun moment l'écriture ni le rédacteur ne se donnent en spectacle. Le texte est entièrement transparent à ce qu'il décrit. Rien n'est non plus lourdement affirmé : le récit de Londres sait ménager au lecteur un rôle à la fois simple et actif dans la construction du sens.

Donner à voir

Debout sur une jambe, l'autre repliée, un doigt dans l'oreille gauche. Nous sommes une centaine à être soumis à l'exercice, genre fin de banquet pour Français un peu éméchés. Vaguement honteux. Mais dociles. (Armelle Thoraval, *Le Point*, 9 avril 1992.)

La première phrase de l'article est une phrase nominale. C'est un « donner à voir » qui force l'attention. Il n'y a pas de verbe, pas d'action : il s'agit, en une douzaine de mots, de figer le gros plan d'une attitude surprenante. Deux virgules suffisent à scander les trois coups de crayon d'un croquis à vocation comique. Il n'est pas question de tout décrire, il faut faire sentir l'essentiel.

Et en même temps que le texte commence à offrir de la communication, il le fait de telle sorte que le lecteur ait aussitôt envie d'en savoir plus. Il a accroché le regard et la conscience du lecteur en quelques traits. Et les questions commencent à se poser. *Qui fait cela ? Pourquoi ?* L'offre initiale d'information, par les interrogations qu'elle suscite et laisse en suspens, crée chez le lecteur une demande d'information complémentaire. Offre et demande, le circuit de la bonne lecture est amorcé. À condition que l'offre sache créer une demande, et qu'à cette demande elle apporte une réponse partielle, toujours un peu énigmatique.

Dans la seconde phrase, comme au cinéma après un gros plan, la caméra fait un zoom arrière : le croquis s'élargit au pluriel d'un groupe important (« *une centaine* »), et cet élargissement rend l'ensemble encore plus énigmatique. Entre les deux phrases, il y a eu un changement de voix. Dans la première, le réel semblait se désigner tout seul ; dans la seconde, l'énonciation se fait à partir d'un collectif, nous. Ce pronom « *nous* » implique la narratrice dans la scène, au lieu de la lui faire dominer (on peut comparer avec l'effet de surplomb qu'aurait produit une phrase comme « *ils sont une centaine...* »). De même, dans la voix de cette narratrice, la construction familière « *genre fin de banquet* » semble être un écho de l'ambiance qu'elle évoque. C'est dans ce parti pris de s'impliquer que réside le secret du reportage : il faut avoir l'œil à hauteur de sujet et la voix à hauteur d'interlocuteur. Il faut éviter le point de vue surélevé des dieux jugeurs.

Ce choix de simplicité, ce refus d'avoir l'air de commenter se confirme dans l'ordre du vocabulaire et du ton choisis : des mots comme « *un peu* », « *vaguement* » estompent légèrement le propos. Là où d'autres, plus véhéments, auraient éditorialisé et prononcé des mots comme « *dociles, comme des ivrognes, à la honte qui nous est infligée* », la journaliste allège son discours et laisse parler le simple montage de la scène qu'elle semble filmer en caméra subjective.

La conclusion de cette attaque du reportage se fait par deux phrases nominales, obtenues en « surponctuant » les deux attributs du sujet (*honteux* et *dociles*). À une ponctuation standard qui aurait simplement poursuivi avec deux virgules (... *un peu éméchés, vaguement honteux, mais dociles.*) la rédactrice substitue deux ponctuations fortes par des points. Cette ponctuation très en vogue aujourd'hui est censée donner du rythme, du ressort et de la « frappe » à l'expression. Par souci d'éviter les segments trop longs et les phrases « mille-pattes », on les casse. On multiplie ainsi les phrases sans verbe et sans nom, construites autour d'un seul prédicat. Des phrases cul-de-jatte diront en retour les mauvaises langues.

Ce montage est doublement instable. Physiquement, cette station sur une jambe ne saurait durer. Et moralement, le mélange de honte et de docilité appelle, sinon une résolution, au moins une explication. La suite du texte devient alors une nécessité. C'est aussi cela l'efficacité d'une écriture journalistique : rendre nécessaire la phrase qui vient après.

La suite nous apprendra qu'il s'agit d'un test de docilité pour candidats à l'embauche chez EuroDisney, et le monde de Mickey se remettra mal de l'aperçu qu'il semble nous livrer au seuil de sa description.

Petit problème posé cependant par ce type de reportage : le journaliste peut-il, en toute déontologie, se faire passer pour ce qu'il n'est pas ? Peut-il se déguiser en candidat à l'embauche (en militant d'un parti, en manifestant, en travailleur immigré, etc.), pour faire son métier sous un masque ? Ou doit-il accepter de ne parler qu'à partir d'une position de tiers identifié et reconnu comme tel ? Le danger de cette dernière position étant de faire de lui un témoin institutionnalisé, c'est-à-dire un témoin dont l'institution peut toujours contrôler l'activité et la mise en rôle. Ne serait-ce qu'en l'obligeant à approuver ou dénoncer au lieu de simplement raconter. La même scène de Disneyland vue de l'extérieur par une journaliste accréditée, en compagnie du directeur de la communication du parc n'aurait sans doute pas eu le même angle. Entre le témoin masqué et le faux témoin, l'attaché de presse et le dénicheur de scandales, le rôle du journaliste est plus difficile à construire qu'il n'y paraît.

Vivre aujourd'hui

« *Une bécasse, ça a de ces teintes. Une vraie palette de peintre. Et une odeur ! Une bécasse ça sent la forêt, la girolle un peu mûre, parfumée, ramassée un après-midi de pluie.* » Pierre marche, roi sur sa terre. Pierre peint, maître de ses couleurs. Il a su capter les roux humides des automnes incendiés des Côtes d'Armor, la trace soyeuse d'un héron au-dessus des plans d'eau, la dentelle givrée d'une araignée à l'aube, un coup de vent coulis dans les broussailles sèches, le flamboiement hautain d'un faisan énamouré. Il en a fait un beau livre, un bestiaire édité en Suisse, peint et écrit à la main. (François Simon, *Ouest-France*, 27 novembre 1974.)

Comment faire sentir ? D'abord laisser parler ceux qui savent sentir. Le discours du personnage est rapporté dans le souvenir même des intonations de sa parole. En phrases courtes d'abord. Mais le rédacteur n'est pas un maniaque des segments cul-de-jatte. Quand il faut allonger le rythme pour donner à éprouver les sensations plus raffinées de l'odorat, la quatrième phrase dédouble les compléments (*la forêt, la girolle*) et triple les qualificatifs (*mûre, parfumée, ramassée*). Mais c'est surtout la septième phrase qui constitue le morceau de bravoure : cinq compléments alignés en une quarantaine de mots, à partir d'un petit support (*il a su capter*). Une structure très simple. Il s'agit de faire éprouver par la richesse même de l'énoncé la profusion des beautés de la nature. Chaque élément est une chose vue. Une osmose est créée entre nature et peinture : la bécasse est une palette, la peinture une vie saisie. Tout cela se fait non pas en vertu d'une quelconque exhaustivité des descriptions, mais grâce à la circulation des sensations, celle de la flamme en particulier (d'*incendies* à *flamboiement*). Un texte qui donne à la fois envie de lire et de vivre. *Ouest-France* est, avec *L'Alsace*, l'un des *régionaux* qui réussissent à construire chaque semaine au moins une page de vrai journalisme à hauteur d'homme et de vie quotidienne.

Au bonheur de la phrase

Un ballon qu'on tarde à dégager derrière un regroupement sur la ligne médiane, un grand shoot de Serrière, un coude à coude entre Bertrank et Charvet, une pichenette à la main dans son dos pour Terrail et un essai en coin qui fera basculer subitement le bonheur du côté des Parisiens. (François Delteral, Montferrand – Racing CF, *L'Équipe*, 28 novembre 1994.)

La phrase se doit d'être longue. Sinon comment rendre sans à-coup la magnifique continuité d'un *contre* en jeu à quinze ? Phrase brève et pause forte seraient ici contraires à l'esprit du jeu... Pas même le temps de mettre des verbes : la phrase regroupe quatre nominales juxtaposées, séparées par des virgules, des pauses qui ne coupent pas le flux d'énonciation. Le temps est quand même discrètement marqué dans une relative (*qu'on tarde*) : il ne peut être que le présent, qui fait de l'action la contemporaine de l'énonciation, et semble mettre la parole à sa traîne, tant les choses vont vite. À la fin, le futur (*qui fera*) renvoie la conséquence à une phase ultérieure. L'essentiel, c'est l'écriture du moment décisif.

En tête d'énoncé donc, un ballon, et une équipe adverse réduite à l'anonymat des perdants et du *on* qui évoque la pagaille qu'elle n'a pas réussi à contrôler. C'est l'article indéfini (*un*) qui règne sur l'ensemble. Les grammairiens nous disent de lui qu'il implique fondamentalement une « opération d'extraction » : où serait-il mieux à sa place qu'en cette sortie de regroupement ? À noter également qu'en l'absence des verbes, c'est la qualité du choix des noms qui fait l'essentiel. Entre termes techniques (*shoot*, *regroupement*) et expressions imagées (*coude à coude*, *pichenette*), la répartition permet de gérer au mieux la double nécessité de décrire avec précision et de faire sentir.

Quelle est la juste distance ?

À peine descendu de sa Renault 25, dans la banlieue de Dunkerque, Jacques Chirac est entouré par de jeunes agriculteurs qui veulent lui parler impromptu dans la maison d'en face, alors qu'il est attendu pour un déjeuner-débat au restaurant *Le Gitan*, lui-même bourré de paysans. Chirac : « *Écoutez, j'ai un horaire. Venez déjeuner avec nous. Je vous donnerai la parole à l'intérieur.* » Le chef de la délégation : « *On ne veut pas entrer. On ne veut pas se marquer, ni d'un côté, ni de l'autre.* » À l'intérieur : « *Chi-rac ! Chi-rac !* » Chirac entre dans la salle échauffée, revient quelques minutes plus tard – en veston – devant la délégation, les cheveux dressés sous la pluie. Il n'en croit pas ses oreilles : « *C'est la première fois qu'on me refuse une invitation ! Si ça vous coupe l'appétit de déjeuner en face de moi !* » (Françoise Berger, *Libération*, 17 décembre 1992.)

Où le journaliste doit-il se tenir ? À droite de Dieu, comme Hugo quand il décrivait la bataille de Waterloo dans *Les Misérables*, ou au beau milieu de la mêlée, comme Fabrice del Dongo, dans cette même bataille de Waterloo, mais chez Stendhal ? Le témoignage de Fabrice est plus humain, mais il ne voit pratiquement rien. Le savoir-faire semble de prendre quelques mètres, sans s'éloigner des hommes, mais en ayant un minimum de profondeur de champ, pour saisir tous les enjeux d'une scène.

Voyez Françoise Berger. Tous les autres journalistes – les « grands » – sont déjà dans la salle, à la table qui leur a été réservée, compulsant tantôt le menu, tantôt le texte du discours que Chirac va prononcer. Françoise Berger est encore dehors, sous la pluie. Et à une distance telle qu'elle va capter l'une des scènes les plus révélatrices de l'habileté d'un homme politique.

Chirac se trouve confronté ce jour-là à la pire difficulté que puisse rencontrer une personnalité en vue : des contestataires sympathiques. Ils sont jeunes, ils sont agriculteurs, ils veulent parler. Mais le président du RPR est attendu à l'intérieur par des gens qui vont se vexer qu'on leur préfère des inorganisés, alors qu'ils ont tout préparé. Et l'événement a lieu sous l'œil de caméras qui ne manqueraient pas de rendre compte de la moindre anicroche, dans un sens comme dans l'autre. Rester avec les jeunes serait une insulte aux notables. Ne s'occuper que des notables serait faire offense aux petits, n'être plus qu'un « homme à la R25 », bête noire de tous les égalitarismes électoraux. Toute l'habileté va être de répondre à la proposition des contestataires, non pas par « oui » ou « non », mais par une contre-proposition : « Venez avec moi. » Le refus marqué par les jeunes agriculteurs permet alors à Chirac de renverser les rôles et de jouer le personnage de l'offensé, lui qui courait, il y a quelques secondes, le risque peu télégénique d'être l'offenseur. En une réplique il est redevenu maître du jeu. Du grand art.

Il fallait pour montrer cela une technique appropriée de prise de vue. Chirac « *en veston, les cheveux dressés sous la pluie* » : c'est ce qu'au cinéma on appelle un plan moyen. C'est le plan des scènes d'atmosphère, des actions en petits groupes. Il fallait être à même de bien le cadrer, ni trop près, ni trop loin. À cela s'ajoute une bande-son qui n'oublie rien, une bande soucieuse de répartir les trois discours directs en les entrecoupant de notes de mise en scène. Et la séquence comporte même une petite césure qui dramatise un peu les attentes : c'est l'aller-retour du personnage qui disparaît un bref instant dans le bruyant hors-scène pour revenir rafler la mise.

La nuit et les héros

On le retrouve au matin sur la place de Tarbes, amaigri, pâle, écœuré d'avoir fini les deux dernières étapes de montagne, seul, à l'arrière, avec son mal. (Michel Henry, *Libération*, 22 juillet 1993.)

Ainsi va la saga du Tour de France : quand tous les portraits de héros vainqueurs ont été tracés, il reste à boucler sur l'infortune des vaincus ou la détresse des sans-grade. Mais comme leur sort ne tient guère les masses en haleine, c'est à la forme du récit qu'on demande de suppléer la tension dont l'existence des seconds rôles est dépourvue.

Tout pour le croquis : le rédacteur s'efface derrière son personnage et cède la place à l'impersonnalité d'une énonciation par *on*, qui ne risque pas de faire de l'ombre au sujet de l'énoncé. Le personnage ainsi mis en scène fait énigme, et d'abord parce qu'il est dans une situation de malaise. Quelque chose ne va pas, dont nous voici contraints de chercher l'élucidation dans la suite de l'article. Et pour renforcer la demande d'information, le personnage est présenté sous la couverture initiale d'un anonymat. À la demande d'explication sur le malaise se joint une demande d'identification par un nom propre. C'est ce qui s'appelle « piquer » une curiosité.

Trois lignes de présentation en situation. Mais des réponses incomplètes aux questions canoniques de la lecture : nous savons à peu près ce qui se passe, *où* et *quand*. Manquent deux des éléments principaux : *qui*, et *pourquoi*. C'est parce que le meilleur a été gardé pour la fin, pour faire coïncider le pic d'information avec une violence presque parodique de l'expression. La phrase suivante « *boucle* », en effet, la totalité de l'information initiale, non sans une verdeur appropriée : « *J'ai passé la nuit aux chiottes* », dit Laurent Jalabert.

Prix Albert-Londres

Santiago, un soir d'automne ; le froid humide et pénétrant donne le frisson. L'hiver austral s'attarde sur le pays. Un homme aux cheveux blancs et en uniforme pousse la porte d'un célèbre restaurant et demande à l'orchestre de jouer son boléro favori. Figés, les musiciens exécutent alors l'air connu de toute l'Amérique latine. Mais personne ne reprend le refrain : « Souffrir – l'amère infortune – de t'avoir gagnée et perdue à la fois. » Certains soirs, le soldat de Dieu se sent seul. (Jean-Paul Mari, *Le Nouvel Observateur*, 16-22 janvier 1987.)

Jean-Paul Mari a obtenu son bâton de maréchal, le prix Albert-Londres en 1987. Onze mots en moyenne par phrase, dans cette conclusion. Tous les mots font partie des mille cinq cents vocables les plus fréquents de la langue française, à l'exception de *Santiago*, *austral* et *boléro* qui servent à préciser l'exotisme de l'espace-temps.

Trois propositions simples en deux lignes, au départ du paragraphe pour cadrer la situation initiale, en en donnant la tonalité (*nuit froide*) et la sensation (*frisson*). Puis l'entrée énigmatique d'un personnage indéfini (*un homme*), mais dont nous devinons en même temps qu'il n'est pas n'importe qui, puisqu'il *fige* les musiciens. Il a le don sinistre de faire régner le silence jusque dans la fête, de faire jouer un refrain que personne ne reprend. C'est le général Pinochet.

À aucun moment, Mari ne hausse le ton pour dénoncer la dictature ou l'ignominie du personnage. Le pire service qu'il lui rende est de ne pas le nommer, de le renvoyer à l'anonymat qu'il partage avec les escadrons de la mort, l'arme de son pouvoir. Il a suffi, au montage, de confronter le général à la froideur qu'il engendre. En faisant aussi vibrer au milieu de la scène les paroles du boléro. Elles disent le destin même de la prise du pouvoir par celui qui a perdu un pays au moment où il s'en emparait.

L'impossible entre-deux

C'est bien ainsi qu'apparaît le modèle de l'intellectuel aujourd'hui dominant, disjoint de ses raisons d'être et de son territoire originel au point de ne trouver les moyens de sa survie que dans un gonflement linéaire de ses postures publiques, toujours plus complice ou toujours plus méfiant, toujours plus sympathisant ou toujours plus indigné, toujours plus fraternisant ou toujours plus révolté. Les conflits guerriers déchirant notre planète, notamment ceux qui présentent l'avantage de durer plus longtemps que la décence ne le voudrait, voire d'être inextricables au regard de leurs protagonistes eux-mêmes, sont naturellement l'un des plus précieux matériaux à cet égard. (Christophe Gallaz, *Libération*, 27 juin 1994.)

Deux phrases. L'une de soixante mots, l'autre de quarante. Cinquante mots par phrase en moyenne. Quand on sait que la longueur moyenne des phrases de l'*Appel du 18 juin* était de quatorze mots, on mesure ce que peut être l'efficacité de ce passage qui se présente pourtant comme une démonstration (*C'est bien ainsi*...).

« Il s'agit d'une réflexion, pourrait-on répondre, il est normal qu'elle n'ait pas la forme d'un appel à l'action ; la pensée en recherche doit avoir droit à l'espace qu'elle mérite. » Soit. Mais les quatre premières phrases du *Discours de la méthode* ne dépassent pas la moyenne de vingt-cinq mots. Un *Discours* qui aura quand même eu, dans l'histoire de la pensée, une autre influence que cet article.

Pour mieux illustrer le principe « *pourquoi faire simple quand on peut tout compliquer ?* », d'autres éléments viennent aussi s'ajouter à la longueur des segments. Il y a d'abord la recherche d'une certaine préciosité lexicale, marquée par exemple dans les expressions « *disjoint de ses raisons d'être* », ou bien « *territoire originel* ». À cela se superpose également une complexité voulue de l'image (*gonflement linéaire des postures publiques*). Mais c'est surtout par la complication des constructions que l'énoncé semble se fermer à toute lecture. Dans la seconde phrase, le verbe principal (*sont*) est séparé de son sujet (*Les conflits*) par une trentaine de mots regroupés en deux incises, introduites par *notamment* puis *voire*. Du détail dans le détail. Et un détail qui n'est qu'un raffinement d'abstraction (*voire d'être inextricable au regard de leurs protagonistes*) : la phrase semble être elle-même victime de l'inextricabilité qu'elle dénonce.

L'auteur de ces lignes (la totalité de l'article est de la même eau) est pourtant un remarquable chroniqueur de la presse suisse romande. Mais il vise ici un tout autre public que son public ordinaire. Il se construit un tout autre destinataire. Il écrit cette fois-ci dans *Libération*, il écrit une « tribune » pour un lectorat qu'il imagine, qu'il veut cultivé. Il écrit au fond pour ce qu'il croit être un professeur de sociologie. Et il veut se montrer à la hauteur. Ses phrases sont moins destinées à faire comprendre par un public qu'à faire briller celui qui les écrit. Son seul défaut est ici de vouloir écrire en sociologue de la culture alors qu'il ne l'est pas. Au moment où les vrais spécialistes ont tendance à présenter leurs recherches dans une langue clarifiée, une langue « grand public », voici un journaliste venu de l'écriture « grand public » qui veut passer pour un spécialiste en usant d'un langage obscurci. L'ironie est que, du point de vue scientifique, son article sent trop son amateur, tandis que du point de vue du journalisme il est illisible. À vouloir trop bien faire, il se retrouve dans un impossible entre-deux.

Espoir déçu

À Atzbach, une femme a été battue à mort par son mari, parce que, dans l'incendie de leur maison, elle avait sauvé, en plus d'elle-même, l'un des deux enfants, mais, à son avis à lui, pas le bon. Elle n'avait pas sauvé le fils de huit ans, pour lequel il avait de grands projets, mais la fille, que l'homme n'aimait pas. Quand, au tribunal cantonal de Wells, on a demandé à l'homme quels projets il faisait pour son fils, qui a été carbonisé dans l'incendie, l'homme a répondu qu'il voulait en faire un anarchiste et un massacreur qui aurait détruit la dictature, et donc l'État. (Thomas Bernhard, *L'Imitateur*, Gallimard, p. 116.)

Un pastiche de fait divers en histoire sèche. On y saisit d'autant mieux les fondamentaux du métier.

La première phrase s'allonge un peu pour réussir à gérer en même temps deux éléments contradictoires : la violence d'une « attaque » et la mise en place du message essentiel. Elle le fait au prix de quelques incises, mais sans casser la lisibilité de l'ensemble. La figure dominante est celle d'une violence redoublée et paradoxale, une catastrophe dans la catastrophe : après un incendie, quelqu'un s'est fait tuer pour avoir sauvé. Cette violence paradoxale constitue l'élément extraordinaire qui fonde l'écriture du papier. Vient ensuite dans la même phrase une coordination par « *mais* » qui semble introduire l'explication de cet événement. Cette explication brouille cependant plus de choses qu'elle n'en éclaircit, et la phrase se clôt en fait sur une énigme (pourquoi « *pas le bon* » ?) qui reste sans réponse. Au moment de la ponctuation forte par le point, la nouvelle apportée par le texte s'est transformée en énigme. Cela a pour résultat de mettre en alerte l'attention du lecteur et de le lancer dans la suite.

La seconde phrase (« *Elle n'avait pas...* »), simplement juxtaposée, donne l'explication de l'acte scandaleux et de la remarque énigmatique. Elle boucle une première phase du récit. Celui-ci pourrait s'arrêter là, sur cette première chute illustrant les dérives du sexisme. Ces deux phrases constituent déjà à elles seules un micro-récit complet, avec attaque, pic, et chute.

La force de Bernhard est dans la relance. Là où d'autres se seraient contentés de cette première chute, Bernhard trouve moyen de relancer son récit. Cette relance est introduite de façon classique par un circonstant temporel, « *quand* », et elle s'inscrit également dans un changement de scène par changement de lieu, d'Atzbach à Wells. Elle constitue un paradoxe dans le paradoxe. Cette relance ne casse pas le fil du texte : elle se fait à partir d'un élément placé en amont, et qui n'avait pas été exploité, les « *grands projets* ». La relance n'est pas imposée de l'extérieur du texte. Elle reste dans le fil, elle vient combler une demande d'information consécutive à la présence d'un « blanc » dans l'offre d'information. C'est ce petit scénario discret de demande et réponse qui fait de la relance une nécessité et non un placage.

Vient enfin la chute, qui réussit là encore à rester au diapason de toutes les accents paradoxaux que le texte accumule depuis le début. C'est aussi cela, l'art du récit de presse : ne pas retomber avant la fin, faire en sorte que l'attention soit captive jusqu'au dernier moment. Ici, comme un véritable coup de fouet en retour, les derniers mots exhibent, au cœur même de l'anarchisme, le souci bourgeois d'une transmission d'héritage par l'héritier mâle.

L'or du rein

La vérité est au fond de la vessie de M. Dufour. Cette vessie revient de très loin. M. Dufour aussi. Il dit : « On a voulu m'opérer d'un cancer que je n'avais pas. » Les praticiens mis en cause répondent : « C'est du roman policier. » D'une certaine façon, ils n'ont pas tort puisque c'est entre deux inspecteurs et les menottes aux poignets qu'ils ont dû quitter leur domicile. Le mercredi 11 décembre 1991, après quarante-huit heures de garde à vue, les docteurs Georges Rossignol et Pierre Léandri, urologues de réputation internationale exerçant à la clinique Saint-Jean à Toulouse, sont inculpés par le juge Billaud de faux, usage de faux, escroquerie et coups et blessures volontaires avec préméditation. (Jean-Paul Dubois, *Le Nouvel Observateur*, 26 décembre 1991.)

Pirouette de l'ironie, force du donner à voir, dangereuse précision de la citation juridique. Les médecins ainsi mis en scène auront bien du mal, dans l'esprit du lecteur, à conserver leur innocence présumée. Sans que le journaliste puisse être, en quoi que ce soit, accusé d'avoir porté atteinte à la présomption d'innocence, car tout passe par le montage.

Retourner les propos d'un personnage contre lui-même est un des procédés les plus rentables de l'ironie. Ici, le texte fait vérifier – à leurs dépens – par les deux médecins le contenu de leur affirmation : « *C'est du roman policier* ». Présentés d'emblée à travers cette ironie, les deux hommes pourront difficilement, dans la suite du texte, retrouver la gravité nécessaire à l'affirmation de leur version des faits. D'autant plus qu'ils vont être victimes de la toute-puissance des images véhiculées par le film des événements. De ce point de vue, la scène où on les fait sortir de chez eux encadrés par des inspecteurs et menottes aux poignets, vaut presque preuve dans l'imaginaire du public. À cela s'ajoute enfin l'intitulé du chef d'inculpation. Qu'on appelle cette procédure « *inculpation* » ou « *mise en examen* », ce qui compte c'est son contenu, le choc de mots comme « *faux* », « *escroquerie* » et « *coups* ».

Déodatiens et Spinaliennes

« Je suis fière de Sandrine. » Marie-Thérèse Fricot, 78 ans, a passé la journée d'hier devant sa télé à suivre sa petite-fille Sandrine, 24 ans, qui disputait les qualifications du saut en hauteur aux JO de Barcelone. Et toute la famille en faisait autant. Marie-Thérèse guette les exploits de la plus sportive de ses douze petits-enfants. La jeune Déodatienne a déjà été trois fois championne de France. Son record personnel est à 1 m 93. Vers 11 heures, Sandrine franchit 1 m 83. « Ça devient bon », s'exclame la grand-mère. Mais il faut que Sandrine franchisse au moins 1 m 90 pour avoir une chance. « On a beau dire, ça fait drôle de la voir à la télé », déclare tendrement Marie-Thérèse. Spinalienne depuis toujours, elle sait que ses voisins et tous les commerçants du quartier suivent les exploits de sa petite-fille.

La tension monte dans le stade. Après avoir franchi sans problèmes 1 m 86 et 1 m 88, on arrive au fatidique 1 m 90. Sandrine rate ses deux premiers essais. Mais Marie-Thérèse reste confiante. Troisième essai, on retient son souffle : ça passe. Mais Sandrine doit maintenant réussir 1 m 92. Premier essai : raté. Elle échoue également à sa deuxième tentative, mais la mamie veut encore y croire. Le dossard 633 ne parviendra finalement pas à se qualifier. « J'ai mal au cœur pour elle », déclarait Mme Fricot. « Mais on ne peut pas lui en vouloir. Elle a du mérite d'avoir été jusque-là. » Et elle pourrait bien, à l'avenir, aller beaucoup plus haut. (Alexis Marant, *L'Est républicain*, 4 août 1992.)

Comment faire quand on n'a que peu de moyens, dans les pages locales d'un quotidien régional ? Et comment « faire événement », malgré le caractère peu sensationnel des nouvelles en retard sur la télévision ? Le reportage de proximité est aussi un art, à ne pas mépriser, avec son public et ses exigences. Il est une excellente école de formation rhétorique : un personnage, une action, un public. Le personnage gagnera à être typique, pour que l'on s'en sente proche. L'action sur laquelle on se réglera permettra de donner du rythme à l'ensemble. Le contact avec le public ne devra jamais être perdu : plus que tout autre, le localier écrit pour être lu.

La « mamie » est, en province, le pivot des petites communautés qui composent la vie locale, le principal personnage de la rue, une assidue de la vie locale. Et c'est souvent une abonnée, autour de laquelle se fait la lecture du journal. Elle fait immédiatement tableau touchant. Elle constitue un sujet de description facile, et un thème « fédérateur ». Mais elle est plus difficilement utilisable pour les actions mouvementées qui font les bons récits. Si l'on n'a qu'elle à décrire, le portrait risque d'être statique.

L'astuce du localier, dans ce texte, a consisté, pour produire quand même un intérêt de narration, à recréer le « suspense » des épreuves autour des réactions de cette grand-mère. Comme au théâtre, le lecteur va revivre cette tension à travers les réactions d'un personnage-type, dans un état de sympathie avec ce personnage. Cet épisode de vie locale se prive même de toute description de l'échec final pour rester dans un ton d'heureuse compagnie. L'article qui s'ouvrait sur une proclamation de fierté familiale, se clôt en mettant l'accent sur une valeur universellement célébrée, le mérite. Jeune athlète, grand-mère sympathique, valeurs partageables par tous : l'écriture localière est volontiers consensuelle et moralisante. Elle ignore la « scandaleuse » liberté de ton et d'allure des capitales, les plaisirs de la provocation et du paradoxe, les vertus de la polémique, car ici tout le monde vit sous le regard de tout le monde.

Il s'ajoute à cela une certaine forme de complicité, de connivence, programmée à destination du public, dans la construction du rôle du lecteur. L'article est écrit dans un style consensuel qui fait appel à tout un jeu de qualificatifs et d'appellatifs. Il y a dans le texte trois façons d'appeler le personnage. Au départ, c'est le recours à l'énoncé de l'état civil – Marie-Thérèse Fricot. À la fin, ce sera « madame Fricot », pour rétablir la grand-mère dans la respectabilité de son statut. Dans l'entre-deux, le personnage est à trois reprises désigné par un simple « Marie-Thérèse » de familiarité affectueuse.

Il en va de même pour les adjectifs spécialisés qui renvoient à l'appartenance géographique (*déodatien* pour Saint-Dié, *spinalien* pour

Épinal). Ils correspondent à un savoir purement régional, ce sont des mots incompréhensibles pour un lecteur extérieur, dépourvu de la culture encyclopédique des noms de pays. Mais s'ils excluent ceux qui sont « étrangers » à la vie du « pays », ces mots fonctionnent pour le public local comme des signes de complicité autour desquels on peut se regrouper dans le sentiment d'une appartenance commune.

Cette tactique de rapprochement avec le lecteur passe enfin par le jeu des « *on* » prononcés par la grand-mère et par le narrateur. Ces pronoms, sans en avoir l'air, impliquent le lecteur dans la scène : il n'y a rien de très fort dans ce spectacle, mais « *on retient son souffle* » quand même, « *on* », c'est-à-dire pas seulement eux, mais vous et moi.

Du bon usage de l'entretien

Jointe hier par téléphone, Nicole Gautras, la voix énergique, va jusqu'au bout de sa pensée : « En tant que gestionnaire, je ne veux pas m'associer à une publicité pour une soirée gay. Je considère qu'on a créé l'homme et la femme avec une fonction précise pour chacun, en vue de prolonger la nature humaine. L'homosexualité, ce n'est pas dans la nature humaine. Ce n'est pas le bien de l'homme, comme par exemple le fait de se saouler. » (Propos recueillis par Michel Cressole, *Libération*, 7 mai 1992.)

Tels sont les propos de l'adjointe au maire de Tours, en charge des foires et marchés. Ils appuient son refus de louer la salle de *Rochepinard* à une association gay qui voulait y organiser une soirée dansante au profit de la lutte anti-sida.

Cette perle est révélatrice de la maîtrise par le journaliste des techniques de l'interview. Quand on a affaire à certains personnages, il ne faut surtout pas chercher à les braquer, ni à les contredire. Il faut au contraire les laisser parler, le plus librement possible. Chez les tenants de la morale la plus rigide en particulier, le « *ça* » ne tarde jamais à parler. Et ce qui parle, jusqu'au bout, ce sont tous les remugles du langage de l'exclusion. Oubliant de se surveiller, emportés par leurs formules, par la saveur qu'ils trouvent à leurs expressions, ils en viennent souvent aux lisières de l'innommable. Il suffit alors de simplement retranscrire, de l'allure la moins engagée possible, pour faire éclater ce que le locuteur ne voyait pas. Jusqu'à la remarque sur la saoulerie qui, pour la salle de *Rochepinard*, s'impose évidemment.

« *L'histoire est absurde, imbécile et grave* », dira la conclusion de l'article. Là encore Cressole se sera bien gardé de se mettre en avant. Ces derniers propos sont la citation d'une autorité : le directeur de l'Agence française de lutte contre le sida.

Un art de la concision

En Alsace, aux environs de 1850, un instituteur accablé d'enfants consentit à se faire épicier. (Jean-Paul Sartre, *Les Mots*, Gallimard.)

Comment faire vite, surtout quand on veut dès le départ faire un détour ? Cette phrase est la première de l'autobiographie de Sartre. Au seuil de son livre – contrairement à Rousseau ou à Chateaubriand – l'auteur des *Mots* retarde sa propre entrée. Nous attendions un « *Je vais vous raconter* », ou un « *Je suis né à...* » : au lieu de cela nous nous retrouvons au milieu du XIXe siècle, en face d'un père de famille en difficulté. L'auteur n'apparaît pas d'emblée mais bifurque vers l'histoire de ses aïeux. L'écriture du moi va d'abord passer par le filtre d'une chronique du temps jadis. Le détour n'est pas un pur ornement. Il s'agit pour Sartre de mettre en évidence le rôle de l'ancienneté familiale dans la formation de ce qu'il appellera son imposture et sa névrose.

Ce glissement de l'autobiographie vers la chronique n'est jamais sans présenter un danger. Celui qui s'y livre risque de se laisser envahir par le passé. En termes d'information, la mise en place des circonstances historiques et spatiales est toujours coûteuse. Elle risque de ralentir par des récits secondaires ce qui devrait d'emblée aller à l'essentiel. L'autoportrait, le récit proprement dit. Comment dire l'essentiel, sans que le rythme s'enlise dès le départ.

C'est à la presse que Sartre emprunte le moyen d'accélérer. Lieu, temps, personnage, acte, motif : à toutes les questions qui risquaient de ralentir la narration, il réussit à répondre dans le resserrement d'une seule phrase initiale. Une phrase d'une petite quinzaine de mots apporte l'information-cadre, sous la forme de réponses immédiates à un certain nombre de questions implicites. Où ? *En Alsace*. Quand ? *aux environs de 1850*. Qui ? *un instituteur*. Quoi ? *consentit à se faire épicier*. Pourquoi ? *accablé d'enfants*.

Nous sommes en présence d'un véritable hommage de la littérature au journalisme. L'âge classique de la narration avait besoin de déployer des chapitres entiers de mise en situation. Stendhal aurait décrit le site du village alsacien, Balzac n'aurait pas raté l'intérieur de l'épicerie, et Zola se serait chargé d'illustrer l'accablement par les enfants dans une maison appauvrie. Le livre le plus « littéraire » du philosophe commence au contraire par se concentrer sur la règle des cinq « W » chère aux rédacteurs américains : *where, when, who, what, why*. Et c'est à cette accélération qu'il va devoir, jusqu'au bout, son rythme d'*allegro*.

Au-delà de cette concentration sur les questions initiales du récit, il y a aussi l'habileté sartrienne dans le choix des vocables. Cette habilité consiste ici à jouer de la valeur implicite de certains mots, ce qui évite d'avoir recours à trop de subordination explicative. À lui tout seul, le participe passé « *accablé* » renvoie tout à la fois à ce qui est vécu comme un excès du nombre d'enfants, à la faiblesse des revenus de l'instituteur, à la lourdeur de la situation familiale, à la satiété devant les malheurs d'une condition. Il dit à la fois la situation matérielle et l'état de conscience qu'elle provoque. Un autre mot, le verbe « *consentir* » évoque, lui, tout un débat antérieur à la décision, et fait de cette décision un pis-aller devant la pression du monde. Ces deux mots ne se contentent pas de formuler une indication, ils impliquent chacun un micro-programme de conflits avec la vie et de délibérations avec soi et les autres. On en fait sentir la présence sans alourdir par le détail. Les mots donnent la sensation d'une profondeur, ils n'ont pas besoin de s'y enfoncer.

Et, en même temps qu'elle communique une décision en en faisant entendre les motifs, la phrase prépare sa propre suite. Entre *accablé* et *consentit* s'ouvre l'espace d'un regret, d'un remords, et d'un désir de rachat.

C'est là que prendra naissance le comportement ultérieur du père. Il voudra que ses fils rachètent sa faute en retournant à la mission qu'il fut contraint d'abandonner. Il cherchera à en faire des bergers de l'âme, pasteurs ou enseignants. C'est de cette volonté que Sartre subira par ricochet la mécanique. Le fils de cet instituteur « défroqué », son grand-père Charles, deviendra professeur. Et il tracera à son tour pour son petit-fils la voie obligée de l'enseignement et de la sainte culture. Il ne faudra pas moins qu'une névrose pour échapper à tout cela.

Une prudente et rentable expectative

Les électeurs doivent déterminer si leur envie de se débarrasser du représentant d'une dynastie politique parfois trop sûre d'elle-même est plus forte que leur attachement aux Kennedy. D'un côté, un homme dont ils n'ignorent rien des défauts et des qualités, de l'autre le candidat séduisant d'une incertaine relève politique. (Laurent Zecchini, *Le Monde*, 2 novembre 1994.)

Ces lignes sont la conclusion d'un article (2 novembre 1994) sur les élections sénatoriales du Massachussets (13 novembre) qui mettaient aux prises un républicain conservateur, Mitt Romney, et le sénateur sortant démocrate, Edward Kennedy.

Le rédacteur n'a surtout pas cherché à donner de pronostics. Il s'est effacé derrière le collectif, « *les électeurs* ». Il a joué des ambiguïtés du verbe « devoir », qui peut exprimer à la fois l'obligation de choix devant lequel se trouvent ces électeurs, et le simple futur proche. Malgré la concordance des ultimes sondages qui créditaient Kennedy d'un écart d'au moins dix points dans tous les cas de figure (ce qui sera le résultat réel), le papier reste dans l'expectative. L'auteur fait comme s'il y avait réellement suspense. C'est ainsi qu'il « tend » son information.

Trois avantages : on ne court alors aucun risque de se faire démentir par la réalité, on apparaît comme un reporter soucieux du droit à la victoire de chacun des candidats, on garde le « tonus » des informations d'avant le match. Au cours du même automne 1994, pour les élections à la présidence du CNPF, toute la presse française fera comme s'il y avait deux candidats de poids égal. En réalité, il n'y en avait qu'un, Jean Gandois, l'autre faisant un aimable tour de piste pour défendre au passage le point de vue des petites entreprises. Il se retirera dès le premier vote indicatif. En rhétorique, cela s'appelle l'art des fausses fenêtres, destinées à faire régner la symétrie dont on a besoin pour l'équilibre et la tension.

Dans l'article de Laurent Zecchini, cet équilibre est par ailleurs posé en termes simples, ceux d'une psychologie de feuilleton. Les élections américaines sont en réalité d'une complexité assez décourageante pour le lecteur français. Le recours à une psychologie courante permet de faire l'économie d'une analyse plus fine du système électoral américain. Grâce à elle, le débat se résume alors à un dilemme de série télévisée : tout va se passer entre une « *envie* » de rejet et la « force » d'un « *attachement* », entre un savoir mêlé de déconvenue, et une séduction mêlée d'incertitude. En filigrane, se profilent également des catégories bien connues, rassurantes car elles paraissent être de tous les temps et de tous les pays. Il y a d'abord l'éternelle méfiance égalitaire vis-à-vis des « dynasties », mêlée à une vieille condamnation chrétienne du péché d'orgueil (*une dynastie parfois trop sûre d'elle-même*). En face, le candidat républicain a les traits que les récits bourgeois prêtent traditionnellement au séducteur : on lui reconnaît de l'attirance, on se méfie des incertitudes dont il est porteur.

Tout cela est, en même temps, discrètement chargé d'ironie, même si l'article du *Monde* évite de s'appesantir dessus : c'est le candidat du « progrès » démocrate qui est un dynaste, c'est le candidat du « conservatisme » républicain qui apparaît comme l'homme des aventures. L'homme du *Monde* n'a pas voulu « faire » aussi « emmerdant » qu'à Sciences-po. Il a transformé la confrontation électorale en enjeu de récit meilleur marché, sous le signe rhétorique d'un suspense. Un « bien beau conflit ».

L'extraordinaire et le cliché

Le couple Berneron s'est-il rendu compte, vivant dans les brumes de l'alcool, qu'il commettait l'irréparable ce soir du 9 août 1985 ? Grand alcoolique, Rodriguez se vantait de boire n'importe quoi. Pourtant, cette fois, il refusa d'ingurgiter l'immonde mixture. Et c'est les mains liées par une ceinture qu'il y fut contraint par Maurice Berneron déversant le liquide malodorant dans sa gorge. Aidés par deux autres locataires de la masure, les époux Berneron le portèrent ensuite sur son lit, inconscient. (Anonyme, *Le Parisien*, édition de Seine-et-Marne, 8 juin 1989.)

Comment mouvementer un début de récit quand l'essentiel a déjà eu lieu, que la crainte, l'énigme, et le suspense ne sont plus là pour produire l'intérêt ? On peut recourir à une technique connue depuis l'antiquité : celle de l'interrogation oratoire (*s'est-il rendu compte ?).* C'est cette technique qui, dans sa théâtralité et son pathos, permet (parfois à bon marché) de dramatiser un récit. On l'emploie quand le *suspense* ne peut plus mettre en tension, puisque tout est connu, meurtre, victime et assassins. L'action proprement dite passe au second plan, l'accent se déplace alors sur le *comment*, sur le *pourquoi*, sur la qualification.

Voilà pourquoi le lieu du crime ne saurait être qu'une *masure*, un mot plus qu'évident, un de ces mots qui donnent le sentiment d'une confirmation plutôt que d'une découverte, car il est trop attendu. Sur la scène de l'écriture, le rôle principal passe du verbe à l'adjectif, au complément, et à des mots qui se regroupent en clichés, tant ils vont trop bien ensemble. Dans son *Dictionnaire des idées reçues*, Flaubert aurait écrit : « *immonde*, voir *mixture*. » Et il aurait ajouté à *mixture* : « voir *immonde*. » Car dans le fait divers le *crime* est toujours *atroce*, les *découvertes* toujours *macabres*, les « *brumes* » sont celles *de* « *l'alcool* », et l'on n'y peut « *commettre* » que « *l'irréparable* ». Les mots ne cherchent pas à s'inventer de nouvelles relations, ils se replient sur leurs alliances les plus traditionnelles, les plus pléonastiques. Le mal a provoqué une déchirure, on doit certes le raconter. Mais on doit le faire dans un langage rassurant, un langage qui recoud cette déchirure. Le discours du fait divers n'est jamais menacé par les ruptures qu'il décrit. Il est solidement installé sur l'héritage de ses clichés.

Tout cela peut faire sourire les tenants de l'humour noir et de l'histoire sèche, mais il ne s'agit pas d'une quelconque maladresse du journalisme : si le journal avait confié l'exclusivité de ses faits divers à Pierre Desproges, l'art du récit y aurait peut-être gagné, mais les grandes masses du lectorat ne l'auraient pas supporté.

C'est que la lecture du fait divers n'est pas uniquement un moment de divertissement. Elle est aussi, à des degrés divers, un petit acte de voyeurisme. Nous ne pouvons pas lire innocemment un détail comme celui des deux mains attachées. Il correspond dans le récit à un petit instant de gros plan, à un « donner à voir », à ce que l'on appelle par dérision le « détail croustillant ». Le détail du fait divers parle certes du monde, mais il est aussi révélateur de nos fantasmes, il leur parle en leur accordant une petite place.

Celui qui nous raconte la soirée n'a pas assisté à la scène. Il actualise sous la forme d'un récit les termes d'un rapport de gendarmerie ou d'un dossier d'instruction. Il fait comme s'il avait été témoin direct, pour mieux faire revivre la scène où fut donnée la mort.

Divertissement, voyeurisme, la lecture du fait divers encadre tout cela dans un rite. Car elle est d'abord un rite par lequel chaque matin nous prenons acte de la misère du monde, pour apprécier la distance qui nous en sépare. C'est un rite avec ses formules, un rite grâce auquel nous nous purgeons de nos propres angoisses.

Pierre Desproges ne *qualifiait* pas ses récits insoutenables : devant ses « histoires », c'était à nous-mêmes de nous dire « c'est atroce », et de rire pour conjurer l'atrocité. Devant un fait divers de presse en revanche, nous voulons que ce soit le rédacteur qui nous dise que c'est atroce, afin qu'une partie de l'insoutenable soit déjà pré-mâchée dans le texte que nous lisons. Il faut qu'on prenne notre émotion par la main, et que la digestion en soit facilitée d'autant. Voilà pourquoi l'adjectif attendu a encore de beaux jours devant lui.

Le fait divers décrit un gouffre, il n'est pas là pour nous y faire tomber.

Le monde du fait divers n'est pas non plus absurde. Il est cruel, mais pas anarchique, et rarement immoral : le mal y est rarement aveugle. La puissance qui veille sur le monde du fait divers n'est autre que la vieille déesse grecque de la Mesure, *Némésis*, celle qui rétablit les équilibres toujours menacés par l'arrogance des humains. « *Rodriguez se vantait de boire n'importe quoi* » : un jour, on a fini par le lui servir.

La fin et le manque

Enfin, en dehors de la technologie, la réforme laisse en l'état la question de la formation professionnelle, un domaine dans lequel la Grande-Bretagne accuse un retard important par rapport à ses partenaires européens. (Patrice De Beer, *Le Monde*, 16 novembre 1994.)

Il y a aussi un art des articles à ne pas faire. Ou au moins à ne pas faire tout de suite. Des articles dont on ménage la place à venir, place potentielle qu'on pourra ou non remplir. Cette conclusion d'un papier consacré à la réforme de l'éducation britannique boucle l'ensemble sur un effet de manque. La question de la formation professionnelle n'est pas résolue, le papier qui en traiterait reste à écrire. Cette absence de résolution est en outre dramatisée par le retard pris sur les autres nations européennes. Tout cela dessine la figure d'une urgence, la nécessité que quelque chose intervienne, catastrophe ou remède, sur quoi nous devrons aussi être informés. Au moment de prendre fin, l'article dessine ainsi un horizon d'attente, une page blanche pour la mémoire du lecteur.

La dramaturgie de l'information passe aussi par ces blancs, ces lacunes que le journal installe volontairement dans ses colonnes, comme déficit avoué d'information et promesse implicite d'un futur papier qui remplira ce manque. Le journal s'installe ainsi dans une structure laïque du savoir, savoir humain incomplet et donc perfectible et renouvelable au fil des jours. L'article doit révéler certaines choses, il ne saurait totalement fonctionner selon le vieux modèle religieux de la Révélation totale donnée une fois pour toutes. Le journal, disait Hegel au début du XIXe siècle, est devenu « *la prière du matin de l'homme moderne* ». Une prière avec des trous.

Enfer, dit la duchesse

Dois-je rappeler cette anecdote bien connue d'un jeune écrivain qui, pour forcer, dès le premier mot de son roman, l'attention de l'éditeur le plus blasé, écrivait la phrase suivante : « Enfer, dit la duchesse... » Et, assez bizarrement, l'histoire que je vais vous raconter commence de la même façon. Seulement, celle qui poussa cette exclamation n'était pas une duchesse. (Agatha Christie, *Le Crime du golf*, Librairie des Champs-Élysées.)

Par où commencer quand toutes les « attaques » ont été faites, toutes les violences initiales exploitées ? Quels mots lancer d'abord, quand on a le sentiment que l'attaque en *forte* et *allegro* est devenu un procédé lassant, et qu'on risque de sombrer dans l'enfer des clichés ?

Le premier moyen qui vient à l'esprit est celui d'un renversement du pour au contre : commencer le plus platement possible, dans le rythme le plus anodin qui soit : « *Ce matin-là, la duchesse se fit la réflexion que quelque chose ne semblait pas aller de soi dans le calme univers qui était celui de sa famille depuis des générations.* »

Un autre moyen, peut-être plus attirant, consiste à ironiser le procédé de l'attaque violente, à en exhiber le côté systématique, puis à l'utiliser quand même. Cette ironisation du procédé permet de doubler l'avantage rythmique de l'interjection par le léger clin d'œil « culturel » de l'ironie. Ce petit détour qui exhibe un instant les procédés de fabrication avant d'en passer par eux renforce la complicité avec le lecteur.

Quelques lignes plus bas, Agatha Christie fera quand même pousser le cri « *Enfer* » par la passagère d'un train qui vient de quitter Calais. Le lecteur sera de toute façon « lancé » dans l'action, mais avec la satisfaction supplémentaire de savoir qu'on ne le prend pas pour un imbécile.

Le parler vrai

Ça a débuté comme ça. (Louis-Ferdinand Céline, *Voyage au bout de la nuit.*)

Comment « faire vrai » dans l'écriture, sinon en faisant entendre la voix des gens, la langue qu'ils parlent ? Le roman de Céline commence par une provocation, une accroche. Au lieu du sacro-saint « *cela* » des textes bien faits, nous avons le « *ça* » redoublé d'une conversation relâchée. Le *Voyage* démarre sur la vulgarité infligée par le monde du « *ça* » au respectable « *il était une fois* » de la tradition écrite. Nous allons lire un roman-voix, un *donné à entendre*, un « livre du ça » qui semblera n'avoir été ni préparé ni corrigé. « *J'écris comme je parle, sans procédé* », affirme Céline.

Le danger majeur, quand on s'en tient à un tel parti pris, c'est celui de la sténographie, du report sur la page de tous les signes de l'oralité. Les mauvais textes à vocation réaliste ne sont souvent qu'une suite sans fin d'élisions (*j'veux pas*), de vulgarismes (*y m'emmerde*), de pseudo marques dialectales (*avé la Marie, j'voulions pas...*). Il n'y manque aucune des marques destinées à nous faire croire qu'ici c'est « le peuple vrai qui parle ». Le paradoxe, c'est que cela sonne très vite comme le pire des procédés. On n'entend pas une parole vraie, on n'entend que des tics, que la volonté de faire vrai à tout prix. En voulant rejeter toute mise en scène de la parole, on atteint le comble de la superficialité. Céline est conscient de cet écueil. Il écrira : « *Faire passer le langage parlé ce n'est pas là la sténographie – il faut imprimer aux phrases une certaine déformation, un artifice tel que lorsque vous lisez le livre il semble que l'on vous parle à l'oreille.* »

Retenons de sa phrase l'expression « *imprimer un artifice* » et revenons à notre début du *Voyage au bout de la nuit*. Si la forme « *ça* » se lit dans l'écrit comme une transgression par l'oralité, le troisième mot du roman, le verbe « *a débuté* » paraît inversement un peu recherché pour l'oral. Après « *ça* », on attendrait plutôt le verbe

« *commencer* », beaucoup plus courant (et bien des lecteurs de Céline font d'ailleurs le lapsus dans leur souvenir). Le mot « *ça* » renvoie à une présence de la voix, le verbe « *a débuté* », moins immédiat, renvoie à un registre plus soutenu. Il renvoie à l'écrit, à la tenue d'une plume que Céline dit avoir fait courir sur des milliers de pages de brouillon. C'est cela la « parole » de Céline : c'est une théâtralisation du parler dans l'écriture.

La voix dans un récit n'est jamais une transcription telle quelle des propos de la vie : elle est un simulacre, qui ne peut faire semblant d'être le monde lui-même qu'à condition de passer par le code qui va l'encadrer. Céline se méfie beaucoup de l'éloquence naturelle : « *Sans travail il n'y a pas grand'chose à faire. Il y a l'éloquence naturelle : c'est vraiment très mauvais l'éloquence naturelle. Il faut que ça tienne à la page.* »

Ce que doit viser l'effet d'oralité dans un texte, c'est l'efficacité du simulacre, pas le calque. Il faut une *condensation*, qui parle à l'imaginaire du lecteur. Il faut, rappelle Céline, tordre d'abord le bâton pour qu'une fois dans l'eau il ait l'air droit.

« Ici une voix réelle et sans chichi », nous dit le mot « *ça* ». « Ici l'activité d'une écriture qui choisit son langage », nous dit le verbe « *débuter* ». Parler à l'oreille, tenir à la page : après tout, le lecteur a bien payé pour avoir les deux.

Un plus trois égale un

Le 26 avril 1988, parlant des présidentielles, Serge July écrit dans *Libération* : « L'irruption durable d'un troisième larron dans le concert majoritaire détruit tous les équilibres antérieurs. » Ce même jour, dans *Le Quotidien de Paris,* Philippe Tesson note : « Le Front national n'est pas né d'une génération spontanée. Son succès donne d'autre part à Le Pen une légitimité politique qu'il serait inconscient d'ignorer. » Et, toujours à la même date, dans *Le Monde,* André Fontaine souligne à propos de François Mitterrand : « La position hégémonique qu'il détient au sein de la gauche le dispense de consentir la moindre promesse à des communistes en pleine déconfiture. Il est donc à première vue beaucoup plus libre de ses mouvements que son challenger. »

Le 30 avril, on peut lire, dans l'éditorial d'une vedette médiatique du journalisme : « L'irruption durable d'un troisième larron dans le concert majoritaire détruit tous les équilibres antérieurs. Le Front national n'est pas né d'une génération spontanée. Son succès donne à son leader une légitimité politique qu'il serait inconscient d'ignorer. [... Quant à François Mitterrand] la position hégémonique qu'il détient au sein de la gauche le dispense de consentir la moindre promesse à des communistes en pleine déconfiture. Il est donc à première vue beaucoup plus libre de ses mouvements que son challenger. »

Tout irait pour le mieux dans le meilleur des mondes journalistiques, s'il n'y avait là encore *Le Canard enchaîné*, sa mémoire et ses informations. C'est lui qui vendra la mèche dans son édition du 4 mai 1988. L'éditorial en question pourrait en termes juridiques être qualifié de plagiat, passible des tribunaux. Mais la profession est en général bonne fille et pratique volontiers le pardon des offenses.

Dans son *Dictionnaire des plagiaires* (Perrin, 1990), Roland de Chaudenay donne d'autres exemples savoureux de contemporains que le scrupule n'étouffe pas. Il cite en particulier, à l'entrée « Journalisme », un article qui permit à un plagiaire d'obtenir dans les années 1980 le prix Mumm, décerné par un jury de grands confrères qui n'y virent goutte (*Dictionnaire des plagiaires*, p. 172). L'heureuse rencontre, en somme, de celui qui a trop lu et de ceux qui ne lisent pas assez.

Les adjectifs de Mathilde

Mathilde est blonde, calme et réfléchie.

Qu'y a-t-il dans ces trois adjectifs sinon un ordre de la confirmation ? Plus la phrase avance, plus la description vient se couler dans la formulation d'un *type*. Et le regroupement rhétorique des adjectifs sur un rythme ternaire ne fait que renforcer l'impression de déjà-vu. Banalité des mots, platitude du croquis, peu d'intérêt du personnage.

Le ternaire d'adjectifs attendus est l'une des plus fortes menaces qui pèse sur nos phrases. Tantôt c'est la situation qui est « grave, tendue et pesante ». Tantôt c'est cette mesure qui est « convenable, sage et appropriée ». Tantôt c'est ce personnage qui est « ambigu, mystérieux et secret ». Les mots s'enfilent l'un derrière l'autre sans que rien de vraiment nouveau soit apporté à l'énoncé. Au lieu de donner à entendre, la phrase a l'air de s'écouter parler. On a l'air de coller au réel en donnant sur lui des détails de mieux en mieux appropriés, et en réalité on s'écarte de lui pour découper des clichés. C'est que le réel est moins dans la répétition que dans la surprise et dans le décalage. L'une des formules de l'humour anglais pour décrire une crise est : « La situation est grave mais pas sérieuse. » Sur l'absurdité de certaines actions humaines, elle en dit plus que bien des emphases.

Sauf cas particulier, il faudrait avoir toujours – mais sans préciosité – ce souci du décalage léger de l'adjectif, souci d'une marque personnelle imposée aux clichés quotidiens. Voyez comment une autre Mathilde, celle de Colette, passe du statut de cliché tout fait à celui de vrai personnage, grâce à un peu d'inattendu : « Mathilde est blonde, paresseuse et fanée. »

Connivence et modernité

Devinette à trois sous : quels sont parmi nos voisins immédiats ceux qui apprécient le plus la qualité des produits made in France ? Qui l'eût cru, ce sont les Allemands. Pas de l'Est. Ceux-là mêmes dont on vante à longueur de journée l'efficacité économique, et qui dans une enquête réalisée par l'INRA décrochent la palme d'or en la matière, à l'Est comme à l'Ouest. [...] Cette vaste étude d'image réalisée dans une quinzaine de pays tend à montrer que, des Italiens, des Espagnols et des Anglais, les Allemands de l'Ouest sont les plus francophiles. Tout les attire et les séduit dans l'Hexagone. (Jacqueline Berger, *Libération*, 26 avril 1991.)

Qu'achète-t-on, en 1991, quand on achète *Libération* ? De l'information, avec la caution d'un institut qui s'affirme dans la notoriété d'un sigle, INRA. On achète aussi de la modernité transcrite en langue vivante, une familiarité du vocabulaire (*trois sous*) et une désinvolture du ton. Cette désinvolture se produit à partir de deux effets de style : d'une part, le recours à une phrase nominale pour introduire une question en tête d'article, et, d'autre part, le recours à la formule burlesque « *qui l'eût cru* » pour introduire la réponse.

Ces entorses au *bon usage*, ces effets de langue parlée dans de l'écrit, ne viennent cependant pas d'une ignorance des règles. *Libération*, pour reprendre la célèbre distinction de Pascal, est un journal *d'habiles*. C'est un journal où l'on sait que « *made in France* » est du franglais. C'est une faute de rustaud, une de celles que commet le tout-venant dans son ignorance des règles de l'Académie. On sait également à *Libération* que les *demi-habiles* de la langue française – fonctionnaires sans culture, académiciens sans œuvre et femmes de dentistes sans occupation –, vont protester. Mais à *Libé*, on écrit quand même « *made in France* », par complicité, pour marquer qu'on est entre soi, que la langue n'a pas besoin de police. Les *habiles* ont le droit de parler franglais comme le tout-venant et le peuple, puisque leur qualité les met au-dessus du commun. Elle leur épargne les précautions linguistiques que doivent prendre les femmes de dentistes quand elles accèdent aux salons de la sous-préfecture.

L'essentiel pour la journaliste de *Libération* est de rester en phase avec le rythme du monde. Elle le fait à tout prix, même si elle doit, pour mimer les syncopes de ce rythme, malmener la syntaxe de sa langue. « *Un sujet, un verbe, un complément – et pour les adjectifs, vous viendrez me voir* », disaient naguère les rédacteurs en chef aux jeunes journalistes. On se rapproche aujourd'hui d'une phrase qui ne comporte même plus ces éléments de base.

Ainsi, à partir d'une ordinaire construction du type « *ce sont les Allemands, non pas ceux de l'Est, mais ceux-là mêmes...* », la rédactrice a (le mot est prétentieux mais dit bien la chose) « dégrammaticalisé » la construction en supprimant le « *non* » et le « *mais* ». Puis, elle a renforcé la ponctuation avec des points, ce qui finit par donner le très elliptique « *Pas de l'Est* ». En supprimant une partie de l'outillage grammatical, en cassant les coordinations, on obtient un simulacre d'écriture sèche, expéditive. L'écrit élimine toute forme de circonlocution et se modèle sur les urgences d'une conversation.

Et tout cela va si vite que personne, au journal, ne corrigera la cassure logique de l'avant-dernière phrase du paragraphe : les Allemands n'ont pas été cités dans la série dont on prétend les extraire (aurions-nous admis une phrase comme « *Des poireaux et des navets, ce sont les tomates qui sont les plus chères* » ?) Qu'importe : *Libé* a longtemps vendu une complicité de génération, et laissé à d'autres quotidiens le soin de gérer le détail des héritages.

Le pacte de lecture de *Libération* a longtemps été fondé sur ces effets de connivence avec le lecteur. Ce qui faisait à la fois la force et la faiblesse du journal. Sa force, parce que c'était un des lectorats le plus fortement attaché à son quotidien. Mais sa faiblesse, parce que cette connivence interdisait d'atteindre des franges plus larges d'acheteurs. D'où le changement vers une formule moins complice et plus « grand public » à l'automne 1994.

Ironie finale pourtant, dont on se demande si elle est volontaire : même fragilisé par des syncopes de rythme et une saute logique, l'ensemble du paragraphe tient grâce à sa dernière phrase, ce qu'on appelle sa chute : « *Tout les attire / et les séduit / dans l'Hexagone.* » Le contenu de sa conclusion a l'air d'autant plus solide que la forme en est *bien frappée*. Ce dernier élément du paragraphe « claque » bien. Il le fait sans doute parce que la langue malmenée a su se souvenir de ce passé qu'on lui enlève par ailleurs au nom de la modernité. Que retrouvons-nous en conclusion du modernisme chahuté et déhanché du paragraphe ? Nous retrouvons la bonne vieille régularité conclusive des douze syllabes d'un alexandrin réparties en quatre fois trois, c'est-à-dire la puissance rhétorique d'un trimètre très « XIXe siècle ».

L'art d'être grand-père

L'autre soir, je déambulais à travers les courts annexes, savourant la savante conquête de l'ombre sur ce labyrinthe de feuillages et de terres rouges, quand un petit rassemblement attira mon attention. Derrière un grillage, une poignée de connaisseurs au parler circonstancié appréciait un assez prodigieux dressage : Harry Hopman, comme il doit le faire sans doute sur tous les terrains du monde, donnait la leçon publique à deux de ses protégées, deux jeunes filles d'un gabarit de walkyrie, qui menaient de part et d'autre du filet un carrousel farouche autour de leur vieux maître. Celui-ci, casqué d'argent, la lèvre mince, la voix brève, ordonnait le spectacle, comme s'il eût détenu le nombre d'or, et sa raquette zébrait le crépuscule ainsi qu'une chambrière. (Antoine Blondin, *L'Équipe*, 30 mai 1956.)

La mise en scène n'est surtout pas anodine. Nous pénétrons avec l'auteur dans un « *labyrinthe de feuillages* », que l'ombre du soir commence à envahir. Nous commençons par remarquer un groupe « *de connaisseurs* » qui regarde une scène. Du début jusqu'à « *dressage* » le texte se construit comme un leurre : ce pourrait être une scène de voyeurisme vespéral. Cela n'est évidemment pas dit, mais Blondin installe son lecteur dans une posture et une situation semblables à celles d'un voyeur. Et la scène qu'il va ensuite décrire sera inévitablement contaminée par son cadrage initial.

À cette mise en scène s'ajoute ensuite un double réseau d'images. D'abord vient le réseau du dressage des pouliches, à travers « *dressage* », « *carrousel* » et « *chambrière* ». Puis, plus discrètement, se constitue en filigrane le réseau sadomasochiste d'une leçon assez particulière, donnée par un monsieur « *casqué* », dont les « *lèvres minces* » renvoient rhétoriquement à une cruauté de caractère. L'ensemble suggère également avec « *ordonner* » et « *nombre d'or* » le caractère obsessionnel d'un rite érotique entre esclaves et vieux maître. Au final, il semble que le crépuscule ne soit pas le seul à se faire « *zébrer* ». Mais Blondin sait ne pas avoir l'air d'y toucher.

L'illusionniste et les lecteurs

Une histoire, on la raconte toujours par la fin, puisque celle-ci l'oriente. Et la fin de Marylin Monroe, vous la connaissez, du moins le croyez-vous. (Michel Contat, *Le Monde des livres*, 14 mai 1993.)

« *On* » est un illusionniste, une troisième personne entre indéfini et impersonnel, entre quelqu'un et personne. Ionesco, dans *La Cantatrice chauve*, formule cela de façon burlesque : est-ce que quand on sonne, il y a « *toujours quelqu'un* » ou bien « *jamais personne* » ?

La capacité de « *on* » à figurer n'importe qui, c'est-à-dire tout le monde, en fait l'instrument des vérités peu vérifiables : sa seule présence les rend vraisemblables. C'est un mélange de voix de la science (*quand on additionne 2 et 2, on obtient...*), de voix de la sagesse (*on sait bien que le crime ne paie pas*) et de voix du peuple (*on dit que l'ennemi a empoisonné les puits*). Ce pronom passe-muraille est la bête noire des rédacteurs en chef scrupuleux, qui peuvent parfois marquer leur refus en rimant de façon grossière : « *on est un con* ». Mais il reste l'auxiliaire indispensable des polémistes, des manipulateurs, des gens pressés : autant dire qu'il n'a pas fini de vivre dans les colonnes des journaux.

Ici, Michel Contat veut commencer par ce qui fait la force médiatique du destin de Marylin : sa fin, son suicide. Mais quand on écrit dans *Le Monde*, il convient de ne pas faire trop ostensiblement « sensationnel ». Le suicide final est une attaque forte, mais cette attaque va à l'encontre d'une tradition des récits, celle du « *commençons par le commencement* ». C'est en s'appuyant sur la généralité sans appel du « *on raconte* » que Contat peut subvertir cette tradition. Et il s'appuie également sur deux outils supplémentaires de la certitude. Le premier est un adverbe très péremptoire, « *toujours* ». Le second est la conjonction « *puisque* », dite conjonction de la cause évidente.

En outre, l'inversion initiale de l'ordre sujet-verbe-complément (*Une histoire, on la raconte...*) donne à la phrase une tonalité de discours oral. Cette tonalité familière dissimule le savoir-faire d'un intellectuel et la ruse de la manœuvre sous des allures de conversation amicale, accessible à tous.

La seconde phrase reprend la structure de langue parlée par inversion de l'ordre sujet-verbe-complément, et rappel du complément par un pronom personnel (*la*). Mais ici, la sagesse qui semblait parler toute seule dans le « *on* » cède la place à une deuxième personne, au « *vous* » qui permet au rédacteur d'insister sur l'illusion d'une conversation, d'un dialogue entre lui et nous. Quelqu'un se tourne soudain vers moi, lecteur, pour me demander de jouer à être son interlocuteur. L'écrit se fait simulacre de situation d'oral. Le pacte de lecture devient un contrat de conversation.

Dans cette conversation, on me reconnaît d'emblée une compétence, une capacité à coopérer. Il s'agit donc d'un contrat dans lequel j'aurais mauvaise grâce à refuser le rôle de partenaire, puisqu'on m'y fait d'abord crédit d'un savoir (*vous la connais*sez). Je ne peux qu'accepter. Et en acceptant j'absous le rédacteur qui a commencé par parler du sensationnel, puisque je partage avec lui la connaissance de ce sensationnel. Quand vous avez quelque chose d'un peu scandaleux à faire dans un article, dépêchez-vous d'en faire partager la responsabilité à votre lecteur, si possible en lui offrant une participation dans l'entreprise.

En n'interrompant pas ma lecture, j'ai accepté par tacite reconduction les clauses du contrat de lecture. Lecteur du *Monde*, j'ai accepté un récit qui commence sur le sensationnel d'un suicide, j'ai accepté de pactiser avec le narrateur, je l'ai accepté car on m'offrait un rôle avec une compétence. Et quand celui qui parle a l'audace de remettre cette compétence en cause, quand il doute ouvertement de mon savoir (*du moins le croyez-vous*...), il est trop tard pour que je puisse me retirer d'un jeu que j'ai accepté de jouer : mes connaissances ne sont peut-être qu'illusions mais, si je veux voir clair, il faut que je me plonge dans la suite de l'article.

On ne m'a confié un rôle que pour m'en imposer les transformations. On ne m'a offert la vérité toute faite, on ne m'a reconnu des compétences que pour m'imposer un récit. Au fond, je n'aurais pas droit à la parole qu'on faisait semblant de me reconnaître. Il faut maintenant que j'écoute. Le piège ouvert par le pronom indéfini, le on « *illusionniste* », s'est refermé sur la stratégie d'un locuteur qui va pouvoir développer ses six feuillets devant un lecteur « captivé ».

Contre-offensive

Le discours de ce nouvel âge est simple : vous avez voulu être responsable, vous n'avez pu l'être qu'au prix du ridicule ou de l'infamie. Les Guignols ou les Nuls vous l'ont bien dit. Vous pouvez disposer. Ainsi vont les histoires « drôles » : les juifs, les Arabes ou les Belges n'arrivent plus à s'esclaffer.

Soyons clairs : l'esprit critique, la gouaille, l'impertinence, la moquerie, la caricature, l'humour... ont forgé et honoré la démocratie. Ils en sont à la fois la condition et la conséquence. Mais pas la mort qui vient des mots. Mais pas la honte qui vous est envoyée, sans frais, pour vous punir de décider et de croire.

Lorsqu'un canard est enchaîné à son mensonge, il peut courir, comme le font tous les canards, sans sa tête. Il continue de vivre après la mort. Ainsi vont quelques médias d'aujourd'hui : sans tête, ils tournent sur eux-mêmes avant de s'abattre au fond de la cour, là où s'entassent nos espérances. (François Léotard, *Le Monde*, 4 mai 1993.)

Pourquoi ne pas reconnaître les réussites stylistiques, même quand elles viennent d'en face ? C'est à l'occasion du suicide de Pierre Bérégovoy que François Léotard a publié l'*opinion* dont ces lignes constituent la conclusion.

La première ruse de l'auteur a consisté à ne surtout pas attaquer les médias en tant que tels, mais à les englober dans un concept plus large et anonyme : celui d'un « *discours du nouvel âge* ». La seconde ruse se trouve au niveau du choix des pronoms personnels. C'est de lui-même que parle évidemment le ministre, mais il a substitué à son « *je* » un « *vous* » qui implique le lecteur dans le rôle joué par le locuteur. Ce qui est arrivé à Bérégovoy m'arrive aussi, et peut aussi vous arriver. Au face-à-face de l'homme politique et de la justice, François Léotard substitue une confrontation entre tous les hommes de bonne volonté d'une part et une puissance maligne d'autre part : le discours mortifère de la Nullité. La troisième ruse consiste, alors que l'on est l'un des grands représentants de l'élite dominante, à se faire passer pour une victime de la dérision élitiste (celle des « *histoires drôles* »). En une petite phrase, un ministre d'État tente de se faire passer pour une victime de la xénophobie. La quatrième ruse est une figure bien connue de la rhétorique cicéronienne : la concession. Elle consiste ici à concéder son attachement démocratique à la caricature et à proclamer sa volonté d'être clair, au moment même où l'on joue le mieux de la confusion. Car si « *la mort qui vient des mots* » est encore une allusion au suicide de Bérégovoy, la « *honte sans frais* » recouvre en fait bien d'autres destinées. Ce qui se profile derrière cette expression, c'est la situation de tous les hommes politiques dont la justice est un jour amenée à examiner les factures. En faire les victimes d'un complot destiné à punir tous ceux qui croient en quelque chose c'est – comme on dit à Fréjus – pousser un peu loin le cochonnet. Et c'est chercher – en proclamant une volonté de clarté – à faire oublier que les gens mis en examen sont d'abord soupçonnés d'avoir transgressé les lois sur la passation des marchés publics.

La dernière habileté est celle de l'image finale. Elle a l'avantage de viser de façon quasi transparente *Le Canard enchaîné*, mais sans le dire franchement. Elle transpose aussi la mort. La mort de l'homme politique renvoie à la mort du vrai journalisme, et à la mort d'espérances que le ministre ne présente plus seulement comme siennes mais communes à tous. La violence de l'image ne va pourtant pas sans quelque prudence. L'homme politique ne peut rompre avec toute la presse : seuls « *quelques médias* » vont ainsi. On l'avait bien compris.

Au plaisir des turfistes

... dernier obstacle de la deuxième course franchi par Ridgeguest nettement devant Ruggiero, alors qu'une vive lutte oppose pour la troisième place le numéro trois le numéro quatre pardon Something Special et le huit Startable et alors que vient très vite à l'extérieur maintenant le numéro neuf qui va essayer de surprendre tout son monde dans les dernières foulées il n'y parviendra pas puisque la troisième place sera pour le cinq toutefois à la photo avec le neuf euh ce qui nous donne pour arrivée de cette deuxième course qui était le grand steeple-chase des quatre ans à Cagnes-sur-mer la victoire pour le deux Ridgeguest qui était monté par Anne-Sophie Madeleine il est à la cote de quatre contre un la deuxième place est pour le favori le trois Ruggiero qui est à la cote de deux contre un et je pense que la troisième place est pour le cinq Beverly qui était à la cote de seize contre un à la photo toutefois avec le neuf Waki qui est à trente-six contre un à tout à l'heure. (Lionel Ovadia, France-Info, 6 janvier 1995).

C'est ici le degré le plus simple du reportage, certains disent même son degré zéro. La parole est au service absolu du galop de l'action en cours. Il n'y a pratiquement pas de temps pour aucun commentaire. L'adverbe en « ment », ce parasite fréquent des écritures, est quasiment impossible. Les mots de plus de deux syllabes deviennent des handicaps. La phrase n'a même plus le temps de se couper.

Dans ce discours qui serre l'action au plus près, il y a peut-être de quoi glaner pour les écritures qui cherchent *a posteriori* à donner le simulacre de l'action. Puisque pour suivre le réel la phrase doit s'alléger, il suffira d'alléger sa phrase pour qu'elle ait l'air de susciter une action. C'est ce que naguère on a appelé le « style télégraphique ».

Une leçon également quant à l'angle du reportage : l'essentiel est de braquer son attention sur ce qui fait encore « *suspense* ». Ici, passé le dernier obstacle, la première et la seconde place ne font plus aucun problème. L'attention se focalise alors sur la troisième place, objet d'une lutte et... troisième numéro du tiercé.

Qu'est-ce qu'une information ?

Le compromis d'arbitrage signé par Simone Rozès ès qualités, mais sous son adresse personnelle, prévoit que « le montant des honoraires des arbitres » sera fixé par les arbitres eux-mêmes. Comme souvent ces honoraires sont restés occultes. (Éric Plouvier, *Libération*, 21 novembre 1993.)

Alors qu'elle est premier président de la Cour de cassation, c'est-à-dire le plus haut magistrat de la République, Mme Rozès rend des arbitrages privés entre des sociétés capitalistes, qui veulent – au prix fort – s'épargner les lenteurs de la justice. Une justice dont Mme Rozès préside la plus haute chambre. Éric Plouvier n'en dit pas plus. Il laisse au lecteur le soin de conclure : la Présidente ferait des « ménages » pour améliorer ses fins de mois... Une telle information vaut tous les éditoriaux sur la justice de classe et ses errements. Le journaliste s'en rend bien compte, qui se gardera dans la suite de faire des commentaires moralisants. À peine laissera-t-il entendre qu'il arrive à ces honoraires privés d'être particulièrement juteux, à défaut d'être illégaux. Il aura même le bonheur de se faire déclarer par un autre magistrat sans humour qu'il est regrettable qu'« *en France, les réactions à l'argent soient aussi épidermiques* ».

Moralité de la fable : un an plus tard, Mme Rozès fera partie de la commission nationale anti-corruption, et son rapport dénoncera – au-delà des délits proprement dits – la dérive « affairiste » des milieux politico-financiers. Aucun journal à l'époque ne croira bon de reprendre, dans les portraits qui seront faits de la Présidente, l'information dénichée par Éric Plouvier au détour de quelques revues spécialisées dans la jurisprudence...

Le droit à la parole

Il a soixante et un ans. Il a entraîné Hajduk Split, Ajax Amsterdam, Anderlecht, Panathinaïkos, Galatasaray, Benfica, Paris Saint Germain, l'OM... Avec Porto, il a remporté la Coupe intercontinentale. Il est à Monaco, où il épaule le staff technique. Ponctuellement, il se rend dans son pays natal, la Croatie, pour préparer l'équipe nationale à des rencontres de l'Euro 96. Et cette même équipe vient de battre l'Italie, à Palerme. Voici Tomislav Ivic en questions. (G. J., *Nice-Matin*, 26 décembre 1994.)

Qu'est-ce qui dans la presse donne accès à la parole ? Le malheur ou son envers, le succès. Pas de parole forte sans un titre quelconque, sans un droit à la parole. Sinon, c'est le degré zéro, la banalité du micro-trottoir, l'insignifiance de « l'homme de la rue », simple écho de significations nées au-dessus de lui.

Ici, c'est le palmarès du personnage, qui lui ouvre les colonnes du journal. Et ce palmarès est un véritable chant des noms propres, noms exotiques et prestigieux. L'homme a soixante et un ans, l'âge de bien des retraites et des constats de la sagesse. Mais celui-ci a su garder les attributs d'un héros actif. Il a « *entraîné* », il a « *remporté* » il « *épaule* », il fait « *vaincre* » ; il « *prépare* » encore à des victoires. Et le nom propre est projeté dans l'espace de ces futures victoires.

Même informatisé et transmis par modem, l'article de journal reste, au fond, l'héritier direct des formes les plus anciennes du discours à vocation communautaire. Parmi celles-ci, la célébration de ceux qui sortent de l'ordinaire est la plus fréquente. Voyez Homère, déjà, et les précisions qui à chaque fois précèdent la prise de parole d'un personnage de l'*Iliade* : « *Puis vient Nestor, l'orateur sonore de Pylos, qui ordonne les siens et les presse au combat. En tête il a placé ses meneurs de chars, en arrière ses gens à pieds, braves et nombreux.* »

L'écriture froide

Une inspectrice me conduit dans une pièce où une autre femme est déjà présente. Elle passe des gants de gynécologie. « Déshabillez-vous. Entièrement. » Je dois m'exécuter. Mes chaussettes sont examinées, mon soutien-gorge, mes chaussures, mon pull... Je dois me placer dos à elle, appuyée sur une table, les jambes écartées. Elle regarde avec les gants si je n'ai rien en moi. J'ai froid, je demande à me rhabiller. Elle prend une chaussette qu'elle palpe longuement. Elle me la jette à la figure. Elle prend son temps, me jette l'autre de la même façon. Le reste de mes vêtements, un à un, je les reçois également à la figure. J'ai un calmant dans mon sac. Je demande à le prendre. Refus.

Trois nouveaux policiers viennent me chercher. On m'attache des menottes dans le dos, une fourgonnette me conduit aux urgences de l'Hôtel-Dieu. Un médecin me prescrit un calmant. Retour au commissariat central, reprise de la garde à vue.

Un inspecteur me fait savoir que si je signe la déposition, je sors dans une heure. Je signe sans savoir. Pour sortir.

17 heures. Je suis remise en liberté. (Conclusion d'un récit de Emmanuelle Cuau, *Le Monde*, 6 novembre 1993.)

La rédactrice de ces lignes s'était retrouvée en garde à vue au commissariat du IVe arrondissement de Paris. Elle avait, cinq heures plus tôt, emprunté à vélo un sens interdit sur 13 mètres, dans son quartier...

Ce qui fait la force d'un tel papier, c'est le minimalisme de son écriture, la volonté de ne construire qu'un exposé des faits. Pour paraphraser un homme politique, on pourrait dire qu'un bon rédacteur, « *ça ferme sa gueule* ». Quelque chose pourtant continue à parler dans un récit, quand le rédacteur a « fermé sa gueule » : comme au cinéma, ce quelque chose c'est le montage.

L'écriture fait silence sur les sentiments du personnage, ses réactions affectives ; elle ne garde qu'une notation physique : « *J'ai froid...* ». La séquence progresse par une série de petits plans brefs, dans un présent reconstruit, qui réactualise la scène sous nos yeux. Le point de vue est certes celui d'une caméra subjective, mais sans aucune emphase. Aucune tendance non plus au voyeurisme : les détails les plus physiques de l'examen sont escamotés par une litote et une ellipse de description. C'est la rédactrice qui est nue, mais ce sont les policiers qui sont impudiques.

Tout se passe comme si la rédactrice avait cherché à transposer, dans la forme même de son énonciation, le froid ressenti par le corps. La phrase se fait transparente à la scène, elle évite de se donner en spectacle en « en rajoutant » dans l'expression de la révolte ou de l'indignation. Peu d'adjectifs, peu d'adverbes, une écriture « *behavioriste* », qui n'enregistre que les comportements. La rédactrice n'est pas là pour dire son émotion, mais le récit est construit, monté de telle sorte que le lecteur éprouve, en lisant, les émotions vécues par celle qui en fut la proie dans la réalité. Les faits doivent parler d'eux-mêmes.

Les autres personnages n'ont pas d'autre existence que celle que leur donne leur fonction. Ils n'existent que par elle. Ils ne sont porteurs d'aucun signe d'humanité, ni positif ni négatif, ni physique, ni moral. Ce sont des mécaniques à humilier. La rédactrice ne les qualifie pas, elle se contente de les montrer en action. Ils sont (à l'exception du collectif « *trois* ») systématiquement introduits par l'indéfini « *un* », qui les détermine sans les faire sortir de leur anonymat : figures surgies du fond qui retournent se perdre dans le fond une fois la besogne accomplie. Ils peuvent même en cours d'action être remplacés par un pronom qui dépersonnalise encore plus (« *on me passe les menottes* ») ou par une tournure passive qui les fait carrément disparaître (« *mes vêtements* (...) *je les reçois* (...) *à la figure* »). Autre solution utilisée : l'emploi, au lieu du verbe, d'un nom qui permet de faire l'économie de toute marque personnelle (« *Refus* »).

Débarrassé de la plus grande partie des marques de la subjectivité, le récit n'en reçoit qu'une plus grande force dramatique : il cesse d'être l'aventure particulière d'une femme pour devenir ce qui pourrait arriver à n'importe qui. C'est ce que le secrétaire de rédaction chargé de la titraille avait fort bien compris. Au lieu de chercher à faire jouer l'indignation, il s'était contenté de citer l'un des propos des policiers : « *Vous nous suivez au commissariat.* » Extraite de l'article, la phrase qui s'adressait à la protagoniste du fait divers, devenait dans le titre un ordre qui pouvait à tout instant s'adresser à n'importe quelle lectrice, à n'importe quel lecteur.

L'ensemble s'achève dans la cadence mineure d'une conclusion en trois paragraphes de dimension décroissante. Quatre lignes, deux lignes, une demi-ligne. La remise en liberté se fait au moment où le discours s'étrangle.

L'imparfait

Ils étaient frères à la manière des vieux chênes. Plantés l'un devant l'autre, à compter les saisons, à se regarder vieillir en silence. Si solidement enracinés dans la terre de Haute-Corrèze que les chercheurs de champignons les croyaient éternels. En leur maison de Fournol, hameau d'autrefois dont les fermes n'abritent plus que des vieilles gens, Antoine et André Chauquet attendaient l'hiver final avec la résignation des arbres centenaires. Sans appréhender l'ultime coup de vent, la gelée fatale. Tout juste s'inquiétaient-ils de savoir lequel des deux partirait le premier, « *l'Antoine* », ou « *l'André* », de vingt-deux ans son cadet. Le destin a voulu qu'ils s'en aillent comme ils avaient vécu pendant près d'un demi-siècle : ensemble, mais de triste façon. (Philippe Broussard, *Le Monde*, 15 octobre 1990)

Proust disait de l'imparfait qu'il est le plus triste des temps. Au moment où il énonce les choses et les êtres pour les faire vivre dans une durée, il nous dit qu'elles ont irrémédiablement disparu. C'est le temps d'une figure absente et présente à la fois, figure de l'émotion contenue.

Le paragraphe est unifié par la métaphore des « *vieux chênes* », rappelée par « *plantés... enracinés... arbres... vent... gelée* ». Une métaphore estompée pour ne pas gêner çà et là un retour à la réalité des personnes, qui peuvent rester en même temps de « *vieilles gens* », en « *leur maison* ». Pour rendre les personnages un peu plus présents, l'auteur a recours à des effets de citations en discours direct, « *l'Antoine* » et « *l'André* » : la voix même de la familiarité sur son terrain. À cela s'ajoute une légère mise en fiction du récit, par révélation d'un aspect de vie intérieure secrète des personnages : un mélange particulier, fait d'absence d'appréhension et d'« *inquiétude* ».

Tout semble jusqu'à la dernière ligne relever du tableau, jusqu'à l'adjectif « *triste* » qui annonce en coup de fouet que des existences qui pouvaient s'éteindre paisiblement ont basculé dans le drame : un petit adjectif pour brutalement réactiver en nous la question « quoi ? » et la question « comment ? »

Le style pompier

Il vaut mieux en rire pour ne pas avoir à en pleurer ! Pierre Dac et Francis Blanche se seraient régalés de pouvoir disserter sur l'avenir qui se dessine à l'horizon des sapeurs-pompiers. Déjà l'an dernier, nous avions relaté dans nos colonnes le côté catastrophique de la décentralisation avec l'espoir que la raison reprendrait le dessus. Hélas, c'est clair qu'un corps de sapeurs-pompiers bénévoles, équipé comme il est, organisé on ne peut mieux, n'intéresse pas les hautes instances. (Chronique locale, quotidien régional, 13 décembre 1994.)

Pas de faute à proprement parler. La syntaxe est apparemment respectée. C'est l'incorrection qui est générale. Il ne s'agirait même plus de respecter un quelconque « bon usage » élitiste, mais de faire en sorte que le message puisse passer correctement. Il est stupide de rechercher dans son journal l'équivalent de Chateaubriand ou Pascal. Il est normal d'exiger d'être clairement informé, sans lourdeur ni négligences.

La première phrase est construite à partir de l'adage populaire « *mieux vaut en rire* ». L'auteur a cru bon de retraduire cet adage dans une prose lourde, soucieuse de tout dire, de tout marquer. Une prose qui ignore ce que peut être la valeur de l'implicite dans la langue, surtout quand la formule est aussi connue.

Dans la seconde phrase, le patronage de Pierre Dac et Francis Blanche est de fort bon augure. Mais il est involontairement suivi d'un de ces clichés sur lesquels nos deux humoristes avaient justement coutume de se faire les dents : *l'avenir qui se dessine à l'horizon des pompiers*...

Puis vient une expression qui ne tient pas debout. « *Relater un côté* » est déjà difficile, et quand ce côté est « *catastrophique* » cela devient carrément impossible. On peut relater des faits, des événements, des conséquences même, pas des « *côtés* ». L'obscurité vient de ce que le rédacteur ne semble plus maîtriser le sens des mots et des expressions dès que ceux-ci cessent (comme « *relater* ») d'appartenir aux mille vocables les plus fréquents de la langue française.

Enfin, l'utilisation du présentatif oral « *c'est* » dans « *c'est clair* » fait tache dans le texte. Il aurait fallu lui substituer la forme impersonnelle de l'écrit (« *il est clair que* »). Il ne s'agit certes pas pour le journaliste de toujours écrire comme dans un livre. Mais il doit avoir la maîtrise de l'ensemble des registres oraux et écrits, de façon à les moduler en fonction de la situation de parole. Les formes parlées gagnent à n'être utilisées que pour des effets de citation directe ou indirecte, et toujours en connaissance de cause. Sinon, à vouloir trop écrire comme on parle, le journal finira par être délaissé au profit des médias qui se contentent de parler, et le font bien mieux que lui.

Lourdeurs, impropriétés, incorrections : au taux d'une claudication par phrase l'article a bien du mal à se faire comprendre clairement. Au bout de dix lignes, nous ne savons toujours pas vraiment de quoi il est question. Une langue ainsi transformée en bouillie pour chats pourra-t-elle longtemps résister aux assauts du franglais ?

De la prose comme on en rencontre encore trop souvent dans bien des « *locales* ». Il y a là un gisement de productivité qu'il serait pourtant facile d'exploiter rapidement. Pourquoi pas en y employant de vrais journalistes au lieu de compter sur des « piges » plus qu'approximatives ?

À quoi bon les conflits ?

C'est du conflit que je fais mon miel. « Le chat s'installa sur le tapis » ne fait pas une histoire. « Le chat s'installa sur le tapis du chien » est déjà un bon point de départ. (John Le Carré, conférence à l'université Hopkins, Baltimore, 1986.)

Cette règle d'or du romancier devrait aussi être celle des rédacteurs. Beaucoup de portraits, de récits, d'enquêtes, de chroniques, gagnent à se mettre en tension grâce à la présence d'un chat. Sinon il est difficile de faire venir une histoire « sur le tapis », et au lieu d'un article à faire lire, on n'a qu'un tapis à décrire.

« Mon article a-t-il de l'angle ? Comporte-t-il une bonne attaque, une vraie chute, une *relance* forte ? » Telles sont les questions que le journaliste en formation apprend à se poser. Il y faudrait ajouter celle-ci : « Ai-je trouvé la bonne *tension*, dans la bonne *polarité* ? » La production d'intérêt passe par des mises en conflits, des contradictions créatrices d'enjeux.

La première technique consiste à jouer soi-même le rôle du chat. C'est celle de l'éditorialiste : « J'accuse le chien d'accaparer le tapis. » C'est la plus facile. Le rédacteur se donne le beau rôle et contrôle la régie de l'ensemble. Le défaut, c'est que, dans cette mise en scène, l'éditorialiste qui « donne de la voix » se met aussi à aboyer. Et c'est le chat qui se retrouve dans le rôle du chien.

La seconde technique consiste à repérer, dans le concert des aboiements, la voix discordante, la voix qui fait « miaou ». Le montage de l'article devra lui accorder sa place dans une nouvelle orchestration. Pour cela il faut posséder une bonne connaissance des autres partitions, contemporaines ou antérieures. Telle citation un peu venimeuse de Georges Pompidou, par exemple, rehaussera un portrait de Charles Pasqua bien mieux que tous les jugements personnels du rédacteur. Dans un article dont l'orientation est défavorable elle aura un effet de preuve à charge. Mais dans un papier plus favorable, cette même citation pourra avoir une valeur d'épreuve. Et le ministre de l'Intérieur pourra se trouver grandi de l'avoir traversée. La gloire de Talleyrand ne s'est-elle pas aussi construite parce que ses biographes ont eu dès le départ à surmonter la violence d'une formule napoléonienne : « De la merde dans un bas de soie » ?

On peut aussi repérer ces antagonismes à l'intérieur même du personnage dont on fait le portrait, ou avec lequel on a un entretien. L'une des figures les plus connues à cet égard est celle de Michel Rocard, dont tous les biographes, à charge ou à décharge, se plaisent à souligner une certaine compulsion à l'échec. Qu'on la traite de façon comique, tragique ou dramatique, la figure de l'homme qui savonne lui-même sa planche à bascule est d'une grande productivité.

Cette montée de contradiction peut enfin se faire en cours de travail. Dans un entretien avec Robert Hossein qui jusque-là « baignait » dans la plus parfaite complaisance, Jacques Chancel réussira un joli coup : faire en sorte que son interlocuteur – qui se présentait jusque-là comme un modeste saltimbanque sans ambition – rêve soudain à voix haute de diriger la Comédie-Française. On en frémit encore.

L'attaché de presse

Une demi-douzaine d'adolescents se pressent autour de l'étalage d'un magasin de vêtements. Ils dévorent des yeux les derniers T-shirts à la mode et les saisissent à pleines mains, faisant mine de s'en aller avec. « *Ne volez pas, moi je la paye la marchandise* », demande la vendeuse, les larmes aux yeux. Pierre Lelouche, 42 ans, conseiller diplomatique de Jacques Chirac, député RPR de la 8e circonscription, s'engouffre dans la boutique. Un semblant de dialogue s'instaure entre l'élu et les jeunes. On se serre la main. Quelques instants de tension, et la troupe se disperse en proférant une bordée d'insultes, avant que la vendeuse ne s'effondre à bout de nerfs sur l'épaule du député. « *On m'appelle le député Rambo,* dit-il. *Heureusement que j'ai fait du jiu-jitsu dans ma jeunesse.* » (Renaud Dely, *Libération*, le 19 juillet 1993.)

L'article a bien été écrit dans *Libération,* à l'époque où le journal gardait encore largement son image de journal de gauche. Il a été écrit par un reporter plein de bonne volonté, qui a appliqué la consigne de coller au terrain et aux basques du député. Résultat : le texte ne déparerait pas un bulletin électoral du RPR. Quant au *Figaro,* il hésiterait sans doute à le passer, de peur de se faire taxer de complaisance pour la majorité. À *Libération* ce papier détone un peu, avec ses allures de conte édifiant : « *Il était une fois dans une boutique pleine de belles choses une pauvre vendeuse menacée par une bande de brigands. Alors s'en vint un beau chevalier, sans peur et sans reproche qui...* » On pourrait continuer ainsi jusqu'au dodo des tout-petits. Soyons justes cependant, et reconnaissons que le reporter pourrait parfaitement protester de son absolue bonne foi : « *Mais je n'y peux rien, c'est comme ça que ça s'est passé.* »

C'est tout le problème de la bonne distance en reportage. Si l'on se place trop loin ou trop haut par rapport à son sujet, on a l'air de regarder s'agiter de ridicules pantins, à partir d'un balcon de théâtre. On passe pour un jugeur impénitent, qui méprise son sujet, et le lecteur finit par se demander pour qui on le prend. Mais, à l'inverse, si l'on est trop près, on tombe dans toutes les séductions (même involontaires) que peut déployer le sujet. Les hommes politiques en particulier sont devenus de redoutables machines à gérer leur propre image. Voyez le résultat médiatique de la véritable fascination qu'exerce Le Pen sur des journalistes qui disent pourtant vouloir le dénoncer. Ici, à trop serrer de près son sujet, Renaud Dely s'est transformé en l'attaché de presse de quelqu'un qui sait parfaitement imposer les traits essentiels du mythe qu'il veut répandre.

Au bout du compte, c'est d'ailleurs l'effet inverse de la volonté d'authenticité qui est obtenu. Là où cette volonté du reporter croyait nous apporter du réel, nous ne voyons plus que du cliché : « C'est vraiment trop beau pour être vrai. » Car le reportage est obligé d'en passer – pour se construire en récit – par certaines catégories du récit. Il doit en particulier en passer par la catégorie du vraisemblable, qui n'est pas le vrai. Le reportage doit modaliser ses informations, non seulement pour montrer mais aussi pour rendre croyable ce qu'on veut montrer. Un proverbe de William Blake affirme : « *La vérité pour être comprise a d'abord besoin d'être crue.* » Il est vrai qu'il s'agit de ce que Blake appelle les *Proverbes de l'Enfer*.

Par où commencer ?

Tchen tenterait-il de lever la moustiquaire ? Frapperait-il au travers ? L'angoisse lui tordait l'estomac. (André Malraux, *La Condition humaine*, Gallimard, Paris.)

Au moment où commence l'histoire, nous sommes déjà en retard. Nous n'entrons pas dans le récit par une présentation d'ensemble. Nous y sommes plongés d'office. Cette technique d'entrée en matière est spectaculaire. Elle doit beaucoup au cinéma, mais les latins la connaissaient déjà et l'appelaient introduction « *in medias res* » (au milieu des choses). Elle a l'avantage d'embarquer vivement le lecteur. Finies les longues « mises en place » du roman traditionnel, comme souvent chez Walter Scott, Balzac ou Zola. On attaque plutôt qu'on introduit. Cela va cependant rendre délicat l'apport progressif des informations dont le destinataire aura besoin pour comprendre le contexte de l'action en cours. Il faudra disséminer ces éléments de contexte tout au long de la narration, et assez rapidement, tout en ayant l'air de ne pas y toucher.

La technique inverse, celle qui consiste à d'abord donner l'information essentielle sur le contexte est souvent plus plate, elle exerce moins de force centripète. Elle permet cependant de doter, une fois pour toutes, le lecteur des repères dont il aura besoin pour la suite. En réécrivant le texte de Malraux pour l'AFP, cela pourrait donner : « *Un trafiquant d'armes a été assassiné dans son lit, hier soir à Shanghaï.* »

Deux logiques doivent à cet égard être comparées. Celle du début *in medias res* fait passer au premier plan les exigences de l'intérêt et du suspense. Elle est censée « captiver » le lecteur dans une énigme plus ou moins forte. Au contraire, la logique du démarrage en « plan général » ou « information essentielle » met l'accent sur la clarté et la disponibilité immédiate de l'information. Le lecteur est mis sur les rails et voit même le bout du chemin. Il est même prévu que la lecture puisse ne pas aller plus loin. La première logique est celle du suspense. La seconde est celle de la dépêche d'agence.

Dans le texte de Malraux, la lecture nous installe, en outre, de biais, en voyeurs involontaires. Nous ne sommes ni coupables ni innocents, mais quand même un peu concernés par ce qui a l'air de se passer si près de nous. Si nous ne sommes pas tout à fait à la place de cet homme, dans son regard et son geste, nous ne sommes pas non plus complètement hors du champ. Nous sommes à la fois dans la scène et hors d'elle. Cet espace à cheval sur les frontières de la scène, ni dedans ni dehors et les deux en même temps, est l'espace spécifique de l'imaginaire de lecture. Nous sommes embarqués et impliqués dans un espace au fond très semblable à ceux du rêve et du fantasme, qui ont tant à voir avec notre désir de récit.

Et tout cela est d'emblée dramatisé chez Malraux par l'interrogation, le suspense dans lequel se mélangent la violence à venir et l'énigme à combler. S'y ajoute la notation sur l'« *angoisse* » éprouvée par le personnage. La fonction de cette angoisse de récit est double : elle renseigne sur un personnage et en même temps elle donne la modalité de notre lecture. Un personnage angoissé pour un passage angoissant.

Le texte produit instantanément l'extraordinaire qui nous fait basculer. La vieille toile de fond des introductions classiques, le vieux tissu des préparations initiales sont jugés inutiles : il en reste seulement une trace, cette moustiquaire que le romancier va faire malmener par son héros.

Du développement

Bien que la rhétorique soit morte (et que ferions-nous aujourd'hui d'une éducation destinée aux Grecs et aux Romains, et fâcheusement perpétuée par les pédants de collège ?), on peut trouver parfois quelques grains d'or dans ce fumier. Ainsi l'art de savoir développer une matière n'est pas entièrement inutile à votre profession. Pour faire la guerre, comme pour faire la galette, il faut savoir « couper » et « envelopper ». Pour faire du journalisme, la méthode est aussi simple : il faut « couper » et « développer ». Un télégramme vous annonce sèchement :

Révolte des brigands de Kasri-Chérin.

Ouvrez Larousse (qui vous sert à connaître la géographie), et écrivez, avec le soin d'indiquer au public qu'il sait tout cela mieux que vous :

Ce n'est en effet un secret pour personne que la vaste région qui sépare Kasri-Chérin du nord du golfe Persique est habitée par des tribus turbulentes, dont les autorités locales n'ont pas toujours aisément raison. Depuis les temps les plus reculés, ces peuplades se livrent au brigandage, et, soit par zèle religieux ou par humeur farouche, il est dans leurs coutumes de ne pas témoigner une bienveillance excessive aux étrangers qui les visitent. (Journal des Débats, 11 novembre 1902.*)*

Savez-vous bien ce que vous avez fait là, mes amis ? Vous avez développé *révolte* ; vous avez développé *brigands* ; vous avez développé *Kasri-Chérin.* Un bon journaliste fait de la rhétorique sans le savoir.

(Extrait du livre de Marcel Schwob, *Mœurs des diurnales, Traité de journalisme*, Éditions des Cendres, Paris, 1985, pp. 103-104.)

Les aléas de l'indignation

Les prisonniers de guerre libérés reviennent maintenant des prisons sudistes. J'en ai vu un certain nombre. C'est un spectacle pire que celui d'un champ de bataille ou d'un groupe de blessés, même les plus ensanglantés. Il y avait (à titre d'exemple) la cargaison d'un grand bateau, plusieurs centaines d'hommes arrivés le 25 à Annapolis ; sur ce nombre, seuls trois individus furent capables de quitter le bateau par eux-mêmes. Cela peut-il être des hommes, ces petits nains d'un brun livide, tachés de cendre, à l'air simiesque ? Ne sont-ils pas des cadavres momifiés et rétrécis ? Ils gisent là, très tranquilles, mais avec une expression horrible dans les yeux et sur leurs lèvres décharnées (souvent pas assez de chair pour recouvrir les dents). Jamais sans doute vision plus épouvantable ne fut contemplée sur cette terre. (Il y a des forfaits, des crimes qu'on peut pardonner ; mais ceci n'en fait pas partie et plonge ses auteurs dans la damnation la plus noire, sans issue ni limite. On a fait mourir de faim plus de 50 000 hommes – lecteur, avez-vous jamais songé à ce qu'est en réalité la faim ? – dans ces prisons, et sur une terre d'abondance.) Une vilenie indescriptible, tel était à l'évidence le traitement de règle dans toutes les prisons militaires du Sud. Il ne faut pas avoir autant pitié des morts que de certains des vivants qui en reviennent, si on peut dire qu'ils sont vivants : beaucoup d'entre eux ont été réduits à la stupidité et ne se rétabliront jamais. (Walt Whitman, *Comme des baies de genévrier*, trad. J. Deleuze, Mercure, 1994.)

Whitman (1819-1892) a été journaliste, dans un âge d'or. Il en parle ainsi : *bon propriétaire, bon salaire, horaires faciles*. Extraite de ses carnets personnels de la guerre civile, cette note porte, partiellement, la marque du métier.

Le début en plan d'ensemble donne l'information-cadre, dans un style neutre. Le monde, sous la plume de Whitman, semble se raconter tout seul. Cette information constitue le champ général dans lequel viendront se préciser, en pyramide inversée jusqu'à la relance, les notes du reporter.

Après cette première phrase, nous nous trouvons confrontés à la présence d'un « je » (*j'en ai vu...*) qui s'implique dans le récit et en fait un reportage-témoignage. L'affirmation rapide de l'angle du feuillet (*c'est un spectacle pire...*) n'est pas donnée comme résultat d'un à priori du rédacteur : c'est une réaction à l'horreur infligée par le terrain. L'écriture se donne ici pour le résultat d'une expérience éprouvante. Elle permet de mettre cette expérience à distance, et en même temps d'essayer d'influer sur elle.

L'expression « *à titre d'exemple* » permet ensuite à la fois de cadrer plus serré sur un groupe, et de faire un lien logique entre ce groupe particulier et l'état de tous les prisonniers. Un homme témoigne pour un groupe, et ce groupe témoigne de l'ensemble. L'exemple donné fonctionne à la fois comme effet de réel, et comme preuve de la véracité du discours.

L'effet de réel va se trouver renforcé par un procédé rhétorique, celui du langage qui s'interroge sur ses propres mots (*cela peut-il être des hommes...* ?). Les mots courants semblent n'être plus à la hauteur d'une réalité qui les déborde. Le spectacle devient indicible et l'indicible devient une preuve de la réalité du spectacle. Le discours va vers ses limites pour donner la sensation d'un innommable. La phrase est gouvernée par l'interrogation affective et une triple comparaison dans le même mouvement (les nains, les singes, les momies).

Le sommet (le « *climax* », disent les Américains) de la description et de l'article sera pourtant donné par un retour vers le réel en tant que tel. C'est un très gros plan sur ce réel, un zoom avant sur les bouches des prisonniers libérés, qui donne la preuve de l'inhumanité des traitements : les lèvres décharnées qui ne recouvrent plus les dents. Whitman sait contrôler les tendances « éditorialisantes » de l'émotion, et passer le relais à un « donner à voir ».

À la fin de ce premier mouvement, la relance de l'article se fait au contraire par mise en scène d'une montée d'indignation personnelle, avec interpellation directe du lecteur. Celui-ci est appelé à témoigner pour l'humanité. Cet appel actualise la scène pour celui qui la lit. Il oblige les spectateurs à monter sur les planches. Il les inscrit, en leur forçant la main, dans un rôle qui, au théâtre, serait celui du chœur.

C'est à partir de ce pic d'indignation que Whitman généralise à l'ensemble des camps sudistes (*la règle... dans tous...*). Et il y ajoute un appel à l'imprescriptibilité. Dans une mise en scène à base de sentimentalisme moral, le journaliste se fait procureur et fait de son public un jury. Prolongeant ce pathétique, la chute du papier est un coup de fouet en retour, sous forme de paradoxe : ce sont les survivants qui sont les plus à plaindre.

Commencé dans la violence d'un donner à voir, le papier bascule donc, par sa relance, dans un discours éditorialisant. C'est sans doute cette partie-là qui « date » le plus. Quand l'auteur se met trop en scène, il fait passer au second plan la réalité du spectacle qu'il décrit. Racontée par un camelot, la plus insoutenable des tragédies cesse justement d'être insoutenable. L'éditorialiste a l'air de s'indigner à notre place. C'est peut-être pour cela que les éditoriaux ont si peu de véritable influence. La réaction qu'ils semblent nous réclamer s'épuise en réalité dans le spectacle qu'ils donnent de leur indignation toute faite. Plus ils sont violents, plus ils provoquent notre passivité.

De l’excellence au vent qui tourne

Car le vent tourne. « *La direction du journal*, explique Linda Matthews, *souhaite des journalistes qui soient davantage le reflet de la société : Noirs, Asiatiques, hispanophones, issus de milieux modestes. Moins de bourgeois et d’intellectuels juifs new-yorkais et plus de cols bleus du Bronx ou de Detroit.* » La mode du *politically correct* frapperait-elle à son tour le *New York Times* ? « *Non*, se récrie Gerald Boyd, seul noir de la rédaction en chef. *C’est moins une question de morale que d’efficacité. Le* Times, *trop proche des élites, serait meilleur si sa palette de recrutement était plus large.* » (Annick Cojean, *Le Monde*, décembre 1994.)

Jusqu’ici, l’*angle* de cet article a d’abord consisté à souligner le *sérieux*, puis l’*austérité*, et enfin l’*excellence* du quotidien. L’angle a ensuite été approfondi en allant chercher, derrière cette façade d’excellence, la logique élitiste et très fortement concurrentielle qui régit les relations de personnes à l’intérieur de la rédaction du *NYT* (*Ici on ne licencie pas, on écœure.*). Cela nous a amenés en gros à la fin des trois cinquièmes d’un article qui court – noblesse oblige – sur une page entière du *Monde*. Nous voici donc parvenus, avec ce *vent* qui *tourne* si à propos, au sacro-saint moment de la relance.

La bonne relance n’est jamais un simple ajout, une précision supplémentaire. C’est un des mouvements de base de la rhétorique journalistique. C’est par la relance que l’article trouve sa césure, son articulation en deux mouvements, l’accent à partir duquel il se recharge d’énergie pour franchir l’espace qui le sépare de sa chute. Comme la césure pour le vers, elle doit se faire sentir, sous peine de voir l’article perdre sa vigueur formelle. Elle se fait en général par disjonction, opposition, généralisation. Ou, comme ici, par explication d’un élément qui, en fin de premier mouvement, introduisait un trouble dans son récit : la présence d’une « bourlingueuse » de la côte ouest dans ce haut lieu du chic anglo-saxon.

L'écriture sèche

Il y a trois ans qu'il aime la même femme. Pour elle, il a fait toutes les bêtises. Il a brisé sa vie, s'est ruiné, s'est fait réformer au régiment par des mensonges, risquant les travaux forcés. Il a réussi toutes les bêtises qu'il a voulu faire. Il l'aime encore. C'est fini : il ne sera jamais qu'un amant. Il est pâle, vautré, à vingt-trois ans, il a quelque chose de déjà très vieux. Une continuelle plainte dans la voix : « Oh ! si vous saviez ! » et de la résignation. (Jules Renard, *Journal*, année 1898, Laffont, p. 198.)

Journaliste à l'*Humanité* autour des années 1900, Jules Renard est un spécialiste de l'écriture sèche. Contre la phrase « *trop serpentine* », il affirme : « *Le sujet, le verbe et l'attribut suffisent.* » Il tend vers un « *style vertical* », dans lequel la proposition se préoccupe uniquement de ce qu'elle donne à voir et à entendre du monde. Il s'intéresse moins aux relations « horizontales » des phrases entre elles, aux harmonies des beaux enchaînements. Il écrit en collant au terrain, prend des notes sans verser dans la dictée de certificat d'études.

Selon Renard, il ne faut s'éterniser ni dans le récit ni dans la description. Il ne faut que donner « *des éclairs de tout* », imposer silence dans son cœur à « *l'orgue de Barbarie qui ne veut pas se taire* ». Ce puritanisme de l'écriture passe en particulier par la censure des images et des métaphores : « *J'ai mis dans mon jeu le goût de la pauvreté.* »

Première conséquence dans ce portrait-récit : l'histoire se fait laconique, au point d'ignorer les noms propres. Elle n'en a pas besoin puisqu'elle est exemplaire. Les individus y sont réduits à leur fonction et seulement représentés par un pronom, « *il* », « *elle* ». L'essentiel est de situer les personnages par rapport à l'action, et dans l'action : aimer ou être aimé, cela suffit à vous donner une existence de récit. Valéry dira plus tard : « *Dans "il fit", c'est "fit" qui construit "il"* ». La brièveté n'exclut pas la construction : un début en information essentielle et une deuxième phrase qui dramatise.

On va ensuite vers le pic d'intensité, dans la violence de la remarque : « *il ne sera jamais qu'un amant.* » Cela casse l'ancien code des récits : l'amour n'est plus le couronnement glorieux d'une destinée. À la fin du siècle, la mode est à l'exténuation des êtres et des valeurs. L'indéfini *un* dans « *un amant* » a une valeur typifiante. Il fait de l'amant une espèce au lieu d'une personne, un rôle trop connu dans une pièce trop jouée. Même maniement du paradoxe dans le redoublement de « *il a fait* » par « *il a réussi toutes les bêtises* ». La répétition par le paradoxe permet d'inscrire le personnage dans un élan vers le pire.

Après ce pic, viennent en dernière partie les qualificatifs et les attributs. Ils relancent le discours en donnant des modalisations. Ils appartiennent tous à la même famille sémantique de l'épuisement sans issue (*pâle, vautré, vieux, continuelle*). Ils sont tous construits à partir du même angle de l'usure passionnelle, ils disent ce que devient l'amant quand il ne reste plus que le chagrin et la peau.

La conclusion se fait sur un donner à entendre. Renard ne s'encombre ni de « dit-il » ni de « pensai-je ». Une phrase sans verbe pour introduire, deux points pour lancer la réplique, un groupe nominal pour finir. La chute est une ultime méchanceté pour le personnage : on s'arrête parce qu'il n'y a plus rien à dire d'une telle décrépitude.

Politique et vérité

Le silence et l'indifférence sont les môles qui interdisent l'entrée du port de l'expression définissant la société de demain. La valorisation de la pensée de l'homme au chapeau rond pourrait décongestionner le climat délétère d'une campagne élyséenne qui se cherche sans dépersonnaliser ceux qui se réclameraient d'un grand amoureux de la France. (Éditorial, quotidien région est, 14 décembre 1994.)

Qu'est-ce qu'un discours imagé ? C'est un discours qui se sert de transferts de registres entre les mots pour faire mieux sentir ce qu'il voudrait dire. Cela donne parfois des résultats surprenants. Ici, il y a d'abord une affirmation d'identité imaginaire entre deux termes abstraits d'une part (*silence et indifférence*) et, d'autre part, un terme concret (*môles*). Puis cette première image est prolongée par une métaphore (*port de l'expression*), et cette métaphore se voit ensuite prêter un rôle définitionnel (*définissant la société*). Le tout est évidemment raté, par excès de métaphorisation.

Quand les termes sont trop éloignés les uns des autres, et que les images partent en cascade, le sens finit par sombrer dans le ridicule. La belle invention du rédacteur s'en va rejoindre – dans le sottisier des discours – le sabre de Joseph Prudhomme : « *Ce sabre est le plus beau jour de ma vie* » et le char du député de la IIIe République qui affirmait : « *Le char de l'État navigue sur un volcan.* »

L'ennui avec la métaphore, c'est que, quand elle n'est pas contrôlée, elle a tendance à multiplier les conséquences de son ébriété. Ici, au lieu de revenir à la clarté, le discours continue à ratiociner. Un nouveau terme abstrait, « *valorisation* », est appelé à jouer un rôle concret : on va lui demander de « *décongestionner* » quelque chose. Et ce quelque chose, c'est un « *climat* », mais ce mot lui-même est pris dans une acception imagée, puisqu'il s'agit du climat politique d'une *campagne* électorale. Ballotté entre le concret, l'abstrait, l'image, le sens, la métaphore, la qualification métonymique (*l'homme au chapeau rond*), la violence de la dénonciation (*climat délétère*), l'anonymat des références (*ceux qui*...), la confusion générale de la pensée, le lecteur a envie de demander au rédacteur de lui dessiner tout cela (en restant évidemment dans les limites de la décence).

L'ironie de la chose, c'est que, si on le comprend bien, l'auteur appelle à une rénovation du discours politique. Une rénovation qui fasse fi de l'indifférence, et sache s'inspirer de l'exemple légué par Antoine Pinay. Rarement appel à la clarté aura donné lieu à des contorsions aussi risibles.

Pourquoi un tel article n'a-t-il pas été corrigé, repeigné ? Aucun journal ne manque de compétence au point de ne pas disposer d'un secrétaire de rédaction capable de voir qu'il y a là quelque chose de menaçant pour l'image même du journal, pour la « *une* » où figure cet éditorial. Mais la grosse difficulté avec l'éditorial, c'est que personne n'ose y toucher. Texte politique par excellence, il ne saurait passer à la relecture, ni se faire reprendre pour cause de bêtise ou de confusion stylistique. Celui qui l'écrit jouit d'une certaine forme de pouvoir, et affirme ce pouvoir en l'écrivant.

Si l'éditorial est le lieu même grâce auquel le lecteur peut s'identifier à son journal, on se demande dans quel mépris l'auteur tient son public, pour lui destiner une telle bouillie. À moins qu'il ne le connaisse au point de savoir que ce que réclame le lecteur d'éditorial, c'est ce langage emphatique dont le contenu importe peu.

Comme si vous y étiez

Jacqueline a fait une scène. Elle avait bu. Marcel n'aimait pas cela. « *Fainéant* », a-t-elle lancé, sachant que le mot ferait mal. Et, parce que les femmes sont ainsi faites, elle a cherché le pire à dire, afin de le pousser à bout. Parlant de Lætitia, Jacqueline a eu cette expression : « *Ta putain de fille* ». Marcel, qui s'apprêtait à rentrer au domicile conjugal, a fait demi-tour et s'est précipité sur Jacqueline, l'a étranglée, lui a fermé les yeux et l'a embrassée. (Isabelle Horlans, *L'Union* de Reims, 9 décembre 1994.)

Passé composé, présent, imparfait, plus-que-parfait. L'imparfait est là pour rappeler les éléments-cadres du passé (il *n'aimait pas*). Le plus-que-parfait dit l'antériorité d'un acte par rapport à ces imparfaits (*elle avait bu*). Le temps le plus important est le passé composé. Base du texte, il est utilisé deux ans après le drame parce que la journaliste entend faire revivre le moment crucial. Pour actualiser ce moment par rapport au présent de l'énonciation, l'instrument par excellence demeure le passé composé. Temps des actes accomplis, il relève du passé. Construit avec un auxiliaire au présent, il reste en relation étroite avec le moment où se fait l'énonciation. Il présuppose le maintien d'un lien entre l'actualité de la parole et les actions révolues.

Le présent est celui des vérités valables pour toute éternité (*les femmes sont ainsi faites*). Le parti pris avant jugement apparaît dans le traitement de la victime. Pourquoi a-t-elle voulu *faire mal* et cherché *le pire* ? Plutôt que d'aller trop loin dans la recherche des motifs, la journaliste – elle-même femme – s'appuie sur un bon vieux cliché de la nature féminine. Un cliché d'autant plus efficace qu'il est vide de contenu précis. Même mortes, les maîtresses ont encore du mal à ne pas avoir mauvaise presse aux yeux de certaines femmes.

Que faire de la troisième phrase ?

Un restaurant sur la plage. Dehors, le soleil et la mer. Cette mer d'où vint jadis, à cheval sur un dauphin, Taras, fils de Neptune, fonder la ville, un millénaire avant Rome, et d'où n'arrivent plus aujourd'hui qu'armes de contrebande, drogue et vague envie de s'échapper. (Marie-Claude Descamps, *Le Monde*, 25 mars 1994.)

« Attaquez ! Faites des phrases brèves ! » : tel est l'impératif en vigueur dans les salles de rédaction. En bonne technicienne, la journaliste commence sur des circonstants d'espace, en deux phrases nominales très courtes.

Le rendement de cette structure initiale, double tremplin pour double appel, est assez fort. Il lance le rythme et, en quatre notations nominales (restaurant, plage, soleil, mer), il nous installe d'emblée sur un lieu. C'est un lieu où rien ne devrait apparemment se passer, mais cela ne fait que renforcer notre attente de lecteur qui sait bien que la vocation de l'article de journal est de nous parler de ce qui est justement « *sorti de l'ordinaire* ».

La troisième phrase ferait frémir un correcteur rudimentaire, ou l'un de ces logiciels de rédaction qui « bloquent » dès qu'ils constatent la présence d'un trop grand nombre de caractères entre deux ponctuations fortes. Cette phrase compte une quarantaine de mots. Elle est, elle aussi, dépourvue de verbe principal, malgré les apparences : elle est construite en cascade de propositions relatives (*d'où ... et d'où...*), à partir d'un seul nom qui fait office de support à tout le reste (*Cette mer*). Et dans cette série de relatives, l'auteur a également tressé une autre série, celle des propositions incises entre virgules (*à cheval..., un millénaire...*).

En un seul ensemble complexe, cette quarantaine de mots est chargée de regrouper tout le retard d'information essentielle que le texte vient de prendre à cause de sa structure en attaque sur deux phrases brèves. Les deux premières phrases ne donnaient que la dimension de l'espace. C'est à la troisième phrase de donner celle de l'histoire et des actions humaines. C'est à elle de dire les origines mythiques de Tarente, la filiation du dieu fondateur, son moyen de locomotion, la date de fondation, les deux trafics majeurs du pays et enfin le vague à l'âme des résidents d'aujourd'hui.

Entre les trois phrases, deux logiques sont à l'œuvre : d'abord celle de l'accroche particulière, puis celle de l'information-cadre, beaucoup plus générale.

Cette troisième phrase relèverait plutôt de la technique romanesque, si l'on en croit les conseils donnés à un journaliste-romancier dans *Comme un collégien*, l'un des romans de John Le Carré, : « *Faites des phrases plus longues. Quand vous autres journalistes vous vous mettez au roman, vous écrivez trop court. Des paragraphes courts, des phrases courtes, des chapitres courts. Vous voyez ça en lignes de colonnes, au lieu de voir toute la page. Si vous voulez mon avis, déployez-vous.* » Il faut toujours se souvenir que, quand la phrase commence à dépasser la vingtaine de mots, on change de lectorat (la phrase qui vient de vous rappeler cette évidence de l'écriture journalistique compte précisément vingt mots).

Écrivant dans *Le Monde* un papier d'atmosphère à propos de la ville de Tarente, la rédactrice a commencé pour un journal et poursuivi comme dans un roman. Sa troisième phrase n'est d'ailleurs pas informe. Elle est structurée par une logique de mouvement qui s'inverse : là où « *vint* » jadis le héros, les habitants ne cherchent aujourd'hui qu'à « *s'échapper* ». Mais pour la lisibilité journalistique au sens strict, il y a une zone de fragilité. Cette zone se situe dans le trop grand espace – une dizaine de mots – qui sépare l'infinitif « *fonder* » de son verbe support, « *vint* ». Debout dans le métro, brinquebalé entre les stations, le lecteur court plus d'un risque de perdre un fil.

Un correcteur mécaniste obligerait peut-être à renoncer au *dauphin* et au *millénaire*, à des annexes qui occupent le quart des mots. Ce sont des annexes que l'on ne retrouvera plus, et qui parasitent l'enchaînement. On pourrait avoir une simplification du type : « *Cette mer d'où Taras, fils de Neptune, vint jadis fonder la ville, et d'où…* »

Si le correcteur a en plus mauvais esprit, il s'en prendra au jeu de mot involontaire que recèle l'expression « *cette mer d'où* ». « *Muckraker* », dit-on en américain du journaliste, « fouille-merde », dit-on en français. Tout se passe comme si, dans ce début de reportage sur la mafia, la langue avait été inconsciemment marquée par les immondices qu'on s'apprête à lui faire agiter.

Croyance et journalisme

Il faut que vos lecteurs croient que vous croyez à quelque chose. (Henri Amouroux, France-Inter, 2 juin 1994.)

Prenez votre quotidien préféré, comptez les bonnes nouvelles, puis les mauvaises. Le bilan est plutôt sombre. C'est que le journalisme parle de ce qui a fait « *marque* » en 24 heures. Des millions de piétons ont traversé sans encombre ce matin les rues de la ville : voilà qui fait au mieux une anti-nouvelle pour propagande municipale. Le journalisme commence au moment où un camion expédie l'un de ces piétons dans la devanture d'une pâtisserie.

De ce qui est ordinaire, il ne peut y avoir que tableau. Pour qu'il y ait quelque chose à rapporter, pour qu'il y ait récit, reportage, il faut de l'extraordinaire. Et le meilleur des extraordinaires, c'est le malheur : « *Hier, en fin d'après-midi, un homme a tué sa femme et ses deux enfants à coups de hachoir.* » Cet extraordinaire ne peut cependant pas être celui d'une catastrophe absolue car, dans ce cas, le journalisme est bâillonné par la censure ou doit faire silence devant l'innommable. Il n'y a pas que la poésie qu'Auschwitz a rendu difficile. Le mieux, pour vendre, ce sont les catastrophes partielles ou les conflits locaux : tremblements de terre, attentats, guerres civiles, crimes, etc.

Devant cela, la tâche du journaliste consiste aujourd'hui à faire comme si les faits parlaient d'eux-mêmes. Il faut se garder de prêcher ou d'éditorialiser en reportage, sous peine d'être soupçonné de maquiller le réel en voulant justement en faire accroire. Du fond de la vallée de larmes, il faut avoir seulement l'air de décrire. La misère contemporaine, comme le béton, a son esthétique : le brut de décoffrage. Donner à voir, plutôt que donner à croire. Mais si le métier consistait à s'en tenir là, ce serait encore trop simple. Si le premier écueil est certes celui de l'éditorialisme, le second écueil est celui de la sécheresse de style, derrière laquelle on soupçonne souvent la présence d'une coupable sécheresse de cœur. Cynisme et moralisme noir guettent le journaliste qui en a trop vu. Car dire au lecteur que la vie n'est qu'une sombre réalité, c'est courir le risque de lui rappeler qu'il n'est qu'un miteux. C'est oublier qu'à droite comme à gauche le contrat de lecture des journaux est marqué par un nécessaire progressisme. Le lecteur réclame chaque jour sa ration de misère du monde. Mais il faut aussi, dans cet océan d'infortune, lui donner quelques raisons de nager… et d'acheter l'exemplaire du lendemain.

La gageure est donc de paraître dire quelque chose qui ne relève pas de la croyance et s'impose par sa matérialité, mais sans pour autant casser les valeurs de croyance si nécessaires à la diffusion du journal. C'est ce que rappelle Amouroux. Il rappelle que le journalisme, qui nous livre le spectacle du monde, est lui aussi un art du spectacle, un art du « comme si ». Le journalisme est fondé sur un pacte de croyance. Il fait de ce pacte une condition nécessaire à la formation de la vérité. Comme le théâtre. Dire cela, ce n'est pas déconsidérer le journalisme, c'est rappeler la complexité de sa tâche. C'est souligner que la conviction du lecteur ne s'emporte que par le travail de mise en scène et de montage. Souvent témoin du pire, le journaliste n'a pas droit au moralisme noir. Ni pervers, ni puceau, il devrait ressembler à ces personnages de Marivaux dans *Les Acteurs de bonne foi*, dont on nous dit : « *Ils font semblant de faire semblant, et c'est vrai.* »

Dégraissage du cerveau

Le journalisme commence à la prise de notes. Et sans attendre de partir en reportage ou en entretien. Le bon reporter est un obsédé de la note. Un peu comme ces joueurs de tennis qui répètent cinq cents fois le même *revers décroisé* dans une cible, pour pouvoir, en match, en placer un que les commentateurs qualifieront de « miraculeux ».

Prendre des notes dans le métro, dans la laverie automatique, chez la charcutière, au jardin public, à sa fenêtre. Prendre des notes sous les bombes ou dans un mariage. Prendre des notes pour inverser la relation que l'on a avec le monde et le langage. Ne pas garder. Prendre des notes pour sortir de soi. Jules Renard : « *Notes jetées à la hâte sur le papier : dégraissage du cerveau.* » Et prendre aussi des notes sur le langage pour prendre ses distances avec lui. Toujours Renard : « *Renoncer aux phrases longues, qu'on devine plutôt qu'on ne les lit.* » Se mettre à l'affût de tous les petits croquis qui font la trame des vies quotidiennes. Renard encore : « *Valette raconte qu'étant tout petit, par excès de trouble, il essuyait ses pieds en sortant de chez les gens.* »

Faire de ces notes une espèce d'atelier permanent de l'écriture journalistique. Voyez Matthieu Galley, après une rencontre avec Philippe Tesson : « *Tesson, jouant avec ses journaux comme au chemin de fer ou au baccara. Une poétique imprécision. La foi dans le hasard. Ce qui l'amuse, c'est le moment où il abat sa carte. Le reste, l'intendance. Elle doit suivre, ou mourir.* »

La note est dès le départ ce par quoi le monde prend forme, et le meilleur moyen de provoquer dans un texte des effets de réel. On peut ne jamais rien rapporter de promenade, sous prétexte qu'aucun « incident marquant » n'a eu lieu. Alors qu'il suffit de vouloir marquer, pour que les incidents surgissent à foison. Entre deux pas, il suffit à Ernst Jünger de fixer son attention : « *Promenade de Pâques. Les terres brunes, non encore ensemencées, semblent nues. Pourtant, en bien des endroits, un fin réseau d'orties les recouvre à fleur de sol, aux limites de l'ultra-violet. On voit alors les bourdons en quête de pâture, comme sur une trame de rêve.* »

Travail d'écriture dira-t-on, sans commune mesure avec le journalisme, qui est un métier de produits jetables. C'est oublier que cela n'a jamais exclu le savoir-faire. Écrire des textes destinés à être oubliés, mais comme s'ils ne devaient pas l'être. À vouloir écrire à priori du « jetable », les journalistes ne devraient pas s'étonner d'être jetés à leur tour. Lisez-donc ce début d'un des plus beaux articles de Dominique le Guilledoux, paru dans *Le Monde* en 1992 : « *Il triture sa Gitane maïs, l'écrase, l'allume. Un blouson de cuir, un regard au bord de la rage* : "Vous trouvez que je suis laid ?". *Il fait froid. Il attend encore quelques heures dans ce squat, à Calais, avant de repartir. La nuit tombée, il prendra son duvet, choisira une rue et se blottira contre la tempête. Il ne dormira pas.* "Vous trouvez que je fais peur à ce point ?" » La moitié des romans publiés cette année en France n'ont pas cette qualité de phrase, née de la note et construite dans la note.

L'argumentaire du quatrième pouvoir

Une présentation très financière du budget a donc indéniablement nui au gouvernement. [...] C'est le grand débat qui couve : même si les marges de manœuvre sont singulièrement réduites, Pierre Bérégovoy n'interdit-il pas, sinon une autre politique – qui y songe ? – en tout cas un sursaut d'imagination ? (Rédacteur en chef, quotidien national, 10 décembre 1991.)

Pierre Bérégovoy est à l'époque ministre des Finances du gouvernement Cresson. Des rumeurs de démission courent sur son compte. Après les avoir très longuement évoquées (un paragraphe sur chaque rumeur, un paragraphe sur le démenti de la rumeur, un paragraphe sur le pourquoi de cette rumeur...), l'auteur conclut que le ministre est incapable de construire la bonne image de sa politique. Il lui est fait grief de ne savoir produire ni « *messages* » ni « *effets d'annonce* ».

Certains adverbes sont des adverbes de combat. Et dans l'écrit, « *indéniablement* » est l'un des plus efficaces. Il ne dit pas qu'une affirmation est vraie, ce qui pourrait exiger une longue démonstration : il se contente d'affirmer qu'on ne peut la nier. Et comme celui qui écrit est maître de la régie générale des voix qui interviennent dans le texte, il suffit de faire silence sur la contradiction pour avoir l'air d'avoir dit vrai. L'auteur ne donne la parole à aucune dénégation, donc il a raison. Et il peut continuer.

Cette figure qui appuie la véracité d'une opinion sur le silence des absents, sur le vieil aphorisme « *qui ne dit mot consent* », nous la retrouvons plus loin avec la question en incise « *qui y songe ?* » Le procédé consiste à faire l'appel de quelqu'un pour souligner son absence. Là encore il s'agit de transformer une opinion en une vérité inattaquable. L'opinion, c'est qu'il n'y a pas d'autre politique que celle de la rigueur budgétaire. Pour la transformer en affirmation intangible, il suffit de prouver que ceux qui pourraient en présenter une autre n'existent pas. Comme personne dans le texte ne répond à l'appel, l'opinion est donc une vérité.

Cette mise en scène d'une absence de contradicteur permet d'affirmer l'absence d'un vrai débat politique de fond, car il n'existe plus alors qu'une seule solution, celle de la politique de rigueur. Le journaliste s'aligne sur la thèse du groupe dominant en faisant semblant de constater une réalité. Le danger du procédé, c'est qu'en l'absence de contradiction de fond, le débat risque de s'éteindre, et avec lui la vie politique, donc le gagne-pain du journaliste. Il faut donc qu'à ce débat on en substitue un autre. Mais, par rapport au défunt débat politique sur la gestion de l'argent public, tout débat de remplacement risque d'apparaître comme mineur. Qu'à cela ne tienne, il suffit au texte d'en proclamer à priori la grandeur : « *c'est le grand débat...* » Le vrai débat est mort et si son successeur menace de devenir mesquin, il suffit de lui accoler l'adjectif qualificatif « *grand* » pour lui donner la dimension qui lui manque.

Mais la qualification ne suffit pas. Il faut y ajouter quelque chose au plan de l'action, un verbe lourd de sens imagé par exemple, et gros de développements inéluctables. Quand un débat est faible, il suffit, pour lui redonner les apparences de la flamme, de dire qu'il « *couve* », comme le feu...

À la suite de ces « constatations », nous quittons le domaine propre à l'homme politique. Nous entrons dans un domaine où il n'est plus le maître, celui de la présentation médiatique des mesures à prendre. C'est là que le reproche d'une *présentation financière de son budget* prend tout son sens. Ce qui semblerait être le devoir d'un financier devient son défaut majeur. Le défaut de Bérégovoy en conclusion de l'article n'est pas un déficit budgétaire – ce n'est plus le débat –, c'est un déficit d'image. Qu'est-ce que l'imagination ? Ce n'est pas l'invention d'une nouvelle politique, c'est l'invention de nouvelles images. Les erreurs du ministre des Finances se situent au niveau de la mise en spectacle de sa politique. C'est là que la formule interro-négative (*n'interdit-il pas ?)* prend aussi toute sa valeur. Nous étions partis d'une question sans réponse (*qui y songe ?)*, voici une interrogation qui nous dit que sa réponse ne fait même plus question, puisqu'elle implique déjà le contenu de la réponse.

Au fond le rédacteur en vient à reprocher au ministre de ne pas faire correctement le métier de journaliste. Et ce métier se trouve lui-même réduit à celui d'une tâche de communication : il se borne à dire que le ministre communique mal. Le « médiatisme » est près de triompher : il a absorbé les tâches du ministre et celles de la presse. Le ministre voit sa fonction réduite à celle d'afficheur, et la tâche de la presse n'est plus que de vérifier que le ministre agit conformément aux normes de l'affichage. Le quatrième pouvoir est en voie d'absorber tous les autres. Il leur impose ses normes et les juge au nom de ces seules normes. Mais il ne peut le faire qu'au détriment de sa propre identité, en transformant le journaliste en rouage des médias.

Faites-les parler

« *Mon beau-frère était éboueur, c'est lui qui m'a poussé à entrer. Pour voir si on tenait le coup, le chef nous envoyait balayer sur les places les plus passantes de Paris. Moi, je me cachais derrière les arbres de peur de rencontrer quelqu'un que je connaissais. La mécanisation de la collecte ne marchait pas encore très bien. Le sang vous coulait dans le cou lorsqu'on trimbalait les poubelles des bouchers. Au moins on n'avait pas le temps de se voir faire la grimace.* » (Cité par Florence Aubenas, *Libération*, 25 juin 1993.)

Plutôt qu'un art de la parole, le journalisme est un art de l'écoute et du faire parler. Aucun entretien ne devrait être considéré comme clos tant qu'il n'a pas permis au reporter de faire apparaître le fait saillant, la chose vue, la parole originale qui vont trancher sur l'ordinaire des propos attendus. La difficulté, en interview, est de tenir les deux bouts : savoir où l'on va et laisser flotter l'écoute.

Dans l'un de ses remarquables papiers, Florence Aubenas a réussi à transformer ce qu'on appelle un « marronnier », c'est-à-dire un article inévitable et ennuyeux, en un véritable grand reportage. Là où d'autres se seraient sentis insultés d'avoir à traiter un sujet aussi bas, elle s'est lancée en exploitant à fond toutes les savoir-faire de son métier.

À la base de cette réussite, trois principes : le drainage, le tressage et le montage. Drainage du terrain pour recueillir de vrais témoignages en entretien long, tressage des voix dans le récit pour varier les points de vue et les expériences, montage des séquences de façon à obtenir le bon angle, ni dénonciateur ni complaisant. Le tout grâce à une phrase extrêmement souple, volontiers brève, toujours prête à prendre en charge le réel observé : une vraie phrase pour prise de notes et article de presse. Moins de quinze mots ici en moyenne.

Noël au balcon

M. Chirac va méthodiquement à la rencontre de la France profonde pour mieux la regarder au fond des yeux. Air connu. [...] Il n'oublie jamais de donner du « cher collègue » au moindre maire qui croise sa route. Il faut ce qu'il faut. [...] Il accepte bien volontiers de poser à côté du Père Noël au milieu d'une nuée de bambins. Cela peut aider de croire au Père Noël ! [...] Il raconte ses pérégrinations maritimes d'après baccalauréat et ses « quelques études pour devenir fonctionnaire ». C'est Chirac raconté aux enfants. (Olivier Biffaud, *Le Monde*, 10 décembre 1993.)

Ces lignes sont extraites d'un article sur M. Chirac en campagne pour les législatives de 1993. Chacun des énoncés se compose d'une première phrase décrivant une activité du président du RPR, suivie d'une seconde phrase portant jugement critique sur ces activités.

La vocation de ce type d'énonciation est d'allure parodique. Elle fait penser à l'aparté de la comédie moliéresque. Pour chaque geste ou chaque parole du personnage principal, Dom Juan ou Tartuffe, le valet de comédie fait un commentaire qui a deux destinataires. Le valet se parle d'abord à lui-même, soulignant ainsi qu'il n'est pas dupe des agissements de l'autre. On ne doit pas le confondre avec le tout-venant des victimes de Dom Juan ou Tartuffe. Mais le valet parle aussi au public, il se met en connivence avec lui, pour mieux tourner la scène en dérision. Le type de comique ainsi dégagé s'appelle comique de supériorité. L'ensemble donne à l'article une tonalité assez jugeuse, un côté « *on ne me la fait pas et grâce à moi on ne vous la fera pas* ». Ce que vend le journaliste dans un tel papier, c'est moins de l'information qu'une démystification, moins un reportage qu'une place de théâtre, une place un peu snob, au premier rang du premier balcon.

Roman, histoire et reportage

Marseille. Une table en terrasse. La vue est belle. Autour d'un café, quelques potes dont un ancien international et un éducateur. L'éducateur : « Cette affaire emmerde tout le monde et surtout les fans comme moi. Je suis chauvin, mais ça n'empêche pas de penser que l'histoire est vraie de A à Z ! Simplement, c'est trop con d'avoir mis des gens en taule pour ça. » Et « ça » d'après l'international c'est « monnaie courante », et « pas qu'en football ». Puis, pour conclure, cette synthèse : « On est tous persuadés que Bernès est coupable. Mais pourquoi nous les casser avec ça ? » (Geoffroy Garetier, *Le Journal du dimanche*, 25 juillet 1993.)

À la date à laquelle paraît l'article, que peut-on écrire dans la presse sur l'affaire OM-Valenciennes et sur l'un des responsables du club marseillais, Jean-Pierre Bernès ?

Le premier type de discours, respectueux du secret de l'instruction et de la présomption d'innocence, se calquerait sur le discours officiel de la justice : « *M. Jean-Pierre Bernès est mis en examen pour corruption, il proteste de son innocence.* » Discours scrupuleux, il est juridiquement correct, mais présente peu d'attrait pour un grand public avide de divulgations.

Un autre discours, aux antipodes du premier, pourrait engager le journaliste plus avant. Il prendrait pour très probable, sinon évidente, la culpabilité du prévenu et donnerait tous les détails à charge. Ce discours permettrait aussi de détailler l'affaire, en faisant bon marché du cadre juridique dans lequel on peut commenter des faits en cours d'instruction judiciaire. Il comporterait un risque : celui de faire traîner son auteur (et le directeur de sa publication...) devant les tribunaux pour atteinte à la présomption d'innocence et diffamation publique. Du point de vue de la déontologie, il est aussi une négation directe des droits de la personne. Une variante de cette tactique consisterait à donner la parole à une ou plusieurs sources accusatrices, « désireuses de garder l'anonymat ». Toujours contraire à la déontologie de la profession, ce procédé ne ferait que retarder légèrement les sanctions judiciaires à l'encontre du journal.

Autre procédé possible, les indéfinis du type « *certains pensent que...* » ou « *on murmure à Marseille que...* » Ces pronoms (*on*, *certains*, *quelques-uns*, etc.) font échapper aux poursuites, mais ils ont l'inconvénient de mettre le journaliste à la remorque de la rumeur dont il devient le subalterne. Ils diluent la force des informations dans le vague de leur source.

Comment alors trouver, entre trois discours, le discours « légaliste », le discours « délictueux » et le discours « subalterne », un espace d'énonciation qui permette de répondre à ce qu'on appelle les attentes du public ? Et comment remplir les colonnes ?

Le journaliste s'est tiré d'affaire en empruntant ses procédés au roman. Il a créé des personnages de fiction qui fonctionnent comme des personnages réels sans en avoir réellement le statut. On peut aussi dire qu'il a camouflé des personnages réels en personnages partiellement fictifs. Ces personnages ont des références sociales – *éducateur*, *ancien international*. Mais ils n'ont pas le patronyme qui « verrouillerait » leur identité et leur vérité. C'est l'article indéfini « un » (*un éducateur*, *un ancien international*) qui permet d'abord de les extraire de la foule anonyme. Et à partir du moment où ils ont été cités à comparaître par l'auteur, ils sont pris en charge par l'article défini (*l'éducateur*, *l'ancien international*) qu'on appelle aussi article de notoriété. Ils ne doivent pas le simulacre de leur existence à un nom propre, mais à des déterminants.

Ces personnages peuvent pourtant exister puisque cela se passe à Marseille, que *la vue est belle*, que ce sont *des potes*, et qu'*ils boivent du café*. Effet supplémentaire de réel : ils parlent entre guillemets, et de façon très crue (*emmerde*, *con*, *nous les casser*). Ces êtres hybrides continuent de pouvoir témoigner (ils sont réels), mais leurs déclarations échappent au tribunal (ils sont fictifs). Et en plus ils ne peuvent dire que la vérité, car ce ne sont pas des ennemis mal intentionnés.

C'est ici que se situe le plus fin de la ruse du rédacteur : il fait admettre la véracité des éléments à charge du dossier par des gens qui défendent l'OM. Il ne prête pas la plume à des délateurs, ni à des accusateurs, ni à des moralisateurs. Supporters de l'OM, ces personnages viennent admettre la culpabilité de leur club sur le devant de la scène. Leur discours est parfaitement cynique et, comme tous les discours cyniques, il devient insoupçonnable. Ces hommes engagent même ce qu'ils ont de plus précieux dans le débat (il ne faut pas *les* leur *casser*...). C'est contre leur propre club que le journaliste leur fait marquer un imparable but. On ne les reverra plus dans l'article. Ils auront rejoint l'anonymat dont on les a sortis un instant. Le journaliste aura, lui, réussi cette gageure de faire parler des masques à découvert. Il a transformé, pendant quelques instants, son récit de journal en récit de fiction, et la fiction d'une fiction, c'est qu'elle est vérité.

Nouvelles en trois lignes

Mallarmé disait de lui : « *C'est un homme doux et droit, et un esprit très fin.* » Au début du siècle, en 1906, l'un des grands journalistes et critiques d'art de l'époque, Félix Fénéon, rédigea régulièrement dans *Le Matin* une rubrique non signée de faits divers très courts. Il l'intitula : « *Nouvelles en trois lignes* » :

Rattrapé par un tramway qui venait de le lancer à dix mètres, l'herboriste Jean Désille, de Vanves, a été coupé en deux. (Havas.)

M. Abel Bonnard, de Villeneuve-Saint-Georges, qui jouait au billard, s'est crevé l'œil gauche en tombant sur sa queue. (Dépêche particulière.)

Les lecteurs du journal protestèrent assez rapidement contre l'« anarchisme » de ce rédacteur :

L'abbé Andrieux, de Roanne, près d'Aurillac, qu'un mari impitoyable perçait de deux coups de fusil, est mort hier soir. (Havas.)

Quelques grévistes de l'usine de produits chimiques de Cheide (Haute-Savoie) ont cassé les vitres dans dix-sept maisons de « lâcheurs ». (Havas.)

L'expérience n'eut point de lendemain. Mais aujourd'hui encore, ces « brèves » sont une école d'écriture journalistique. La forme ne laisse aucun espace au bavardage. Il faut aller vite au message essentiel, chuter en quelques mots, ne garder qu'un seul angle :

Dormir en wagon fut mortel à M. Émile Moutin, de Marseille. Il était appuyé contre la portière ; elle s'ouvrit ; il tomba. (Dépêche particulière.)

Et il ne s'agit pas d'une rédaction tronquée. On peut même y placer une relance, pour faire repartir le récit après un premier parcours qui semblait s'être achevé :

Aux environs de Noisy-sous-École, M. Louis Delillieau, 70 ans, tomba mort : une insolation. Vite, son chien Fidèle lui mangea la tête.

Vers la fin des années 1980, l'hebdomadaire *Politis* reprit de temps en temps la tradition de ces *nouvelles en trois lignes*. Dans le fait divers ci-dessous, la première phrase joue de l'implicite du langage pour donner une situation initiale en très peu de mots : un seul sujet d'un seul verbe suffit à esquisser la présence d'un « triangle » amoureux :

Le mari fait obstacle. Maurice, gardien de la paix, l'égorge au cutter, pour, dit-il, « vivre un avenir paradisiaque avec Malika et ses huit enfants. »

Toujours de *Politis*, cet autre exemple, issu de la transformation d'un fait divers du *Parisien* (voir p. 37). La description s'arrête là où Robert Hossein aurait commencé à filmer. C'est l'ellipse qui parle, quand le texte fait silence, puisque la suite est aisément inscrite dans la machine infernale que le montage a mis en place :

Dans un grand verre : alcool à 90°, Javel et rhum blanc. Rodriguez, pourtant alcoolique, ne veut pas mourir ; mais à Maincy, on sait s'amuser et on lui attache les mains.

Histoire sèche par excellence, la nouvelle en trois lignes ne peut qu'être ironique. Elle fonctionne généralement comme une mise au contact de deux segments, avec l'étincelle qui jaillit, surtout sans commentaire, de cette mise au contact. Elle surgit parfois involontairement de la bouche d'un protagoniste, trop pressé de questions :

Le parti communiste réfute toutes les accusations de fraude aux législatives. M. Georges Marchais : « Dans ce scrutin de voleurs, nous n'avons pas failli. »

Il peut même arriver que la nouvelle surgisse d'un seul tenant, des ondes de France-Info :

Un Maghrébin assassiné au Havre. Selon la police, il ne s'agirait pas d'un crime raciste, car la victime n'a pas été frappée par hasard.

Bibliographie

ARRIVÉ M., & Alii, *La Grammaire aujourd'hui*, Flammarion.

BERNHARD Thomas, *L'Imitateur*, Gallimard.

BLONDIN Antoine, *L'Ironie du sport*, François Bourin.

DE BOISSIEU & GARAGNON, *Commentaires stylistiques*, Sedes.

DRILLON Jacques, *Traité de la ponctuation française*, Gallimard, coll. « Tel ».

FÉNÉON Félix, *Brèves en trois lignes*, Macula.

GALLEY Matthieu, *Journal*, 2 volumes, Grasset.

GRANDS REPORTAGES, *43 prix Albert-Londres*, Le Seuil, coll. « Points ».

HERSCHBERG-PIERROT Anne, *Stylistique de la prose*, Belin.

HERVOUET Loïc : *Écrire pour son lecteur*, École supérieure de journalisme de Lille.

HUGO Victor, *Choses vues*, Gallimard, coll. « Folio ».

JÜNGER Ernst, *Journal 1939-1948*, 4 volumes, Christian Bourgois.

KRAUS Karl, *Dits et contredits*, Gérard Lebovici.

LONDRES Albert, *Œuvres complètes*, Arléa.

PEREC Georges, *Je me souviens*, Hachette.

PERROS Georges, *Papiers collés*, 3 volumes, Gallimard.

RENARD Jules, *Journal*, Lafont, coll. « Bouquins ».

ROTH Joseph, *Croquis de voyage*, Le Seuil.

SCHWOB Marcel, *Mœurs des diurnales,* Éditions des Cendres.

WOLGENSINGER Jacques, L'Histoire à la Une, Gallimard, coll. « Découvertes »

Index

Titres

Noms d'auteurs

Notions

Maquette de couverture :
Création : Dominique Gurdjian
Réalisation : Gérard Berton

Secrétariat de rédaction – maquette :
Régine Riva-Hakoune

Composition : Transfaire

Imprimerie France Quercy
N° d'impression : 50434 FF - Dépôt légal avril 1995
Première édition : 2500 exemplaires